Ernst Christian Hauber

Beschreibung von Kopenhagen und den Königlichen Landschlössern für Reisende

Ernst Christian Hauber

Beschreibung von Kopenhagen und den Königlichen Landschlössern für Reisende

ISBN/EAN: 9783743677838

Hergestellt in Europa, USA, Kanada, Australien, Japan

Cover: Foto ©Andreas Hilbeck / pixelio.de

Weitere Bücher finden Sie auf **www.hansebooks.com**

Beschreibung von Kopenhagen und den Königlichen Landschlössern für Reisende

Kopenhagen 1770

Gedruckt in der Godichischen Buchdruckerey

Diese Beschreibung ist kein Auszug aus den bisherigen, die theils schon zu alt, theils wegen ihrer Grösse und Kostbarkeit nicht allgemein brauchbar sind, sondern ganz neu zusammengetragen. Sie enthält ausser den Sehenswürdigkeiten der Stadt selbst, noch einige andre Dinge, die etwa Fremden zu wissen angenehm sind. Die Kürze ist der Absicht eines Handbuchs für Reisende gemäß, sie rühret aber von keiner Unvollständigkeit her. Man findet hier ungleich mehr wesentliche Nachrichten, als in den bisherigen Beschreibungen, und es wäre sehr leicht gewesen auch diese groß genug zu machen. Allein es ist mit Fleiß alle Weitläuftigkeit in der Schreibart vermieden, und alles das übergangen worden, was entweder überall unerheblich ist, (unter andern die umständlichen Abrisse von der Gestalt der Gebäude, die höchstens nur Baumeistern wichtig sind), oder woran doch jemanden der nur Merkwürdigkeiten suchet nichts gelegen ist. Aus eben der Ursache ist auch das historische, das sonst immer den meisten Platz wegnimmt, größtentheils ausgelassen. Indessen wäre freylich an manchen Orten seine ausführlichere Nachricht zu erwehten, die aber diesmal nicht zeitig genug zu erhalten war.

Inhalt

Allgemeine Beschreibung der Stadt	S. 1
Königliche Schlösser	11
Kirchen	17
Andre öffentliche Gebäude	22
Zum Kriegswesen gehörige Gebäude	27
Magazine und Fabriken	31
Hospitäler	33
Bibliotheken	40
Kunst- und Naturaliensammlungen	44
Schauspiele und andre Lustbarkeiten	59
Verzeichniß der Sehenswürdigkeiten	61
Münzen, Maaße und Gewicht	65
Anstalten zur öffentlichen Sicherheit	67
Zustand des Kirchenwesens	69
Collegien und Gerichte	74
Königliche Landschlösser	80
Von der Reise aus Teutschland nach Kopenhagen	86

Allgemeine Beschreibung der Stadt.

Die königl. dänische Haupt- und Residenzstadt Kopenhagen (dänisch Kiøbenhavn) gehört in vieler Betrachtung unter die sehenswürdigsten Städte in Europa. Sie ist groß, vorzüglich schön, volkreich, hat eine sehr vortheilhafte Lage zwischen der Nord- und Ostsee, einen ganz vortrefflichen Hafen, und fast alles, was einen Ort merkwürdig machen kann, beysammen; einen königlichen Hof, Festung, Flotte, hohe Schule, Schiffart, grosse Büchersäle, vortreffliche Kabinette, ꝛc. Ihre Entfernung vom Aequator oder Polhöhe ist beynahe 56 Grad, daß also das Clima mit dem von Moscau und Edinburg übereinkommt. Sie liegt auf der östlichen Küste von Seeland, an der Meerenge zwischen dieser Insel und Schweden, die daselbst etwa 3 Meilen breit ist. Die kleine Insel Amack, auf welcher ein Theil der Stadt steht, macht noch eine andere schmale Meerenge und zugleich den geraumigen und sichern Hafen, welcher also durch die ganze Stadt geht, aber am südlichen Ende, wo das Wasser keine hinreichende Tiefe hat, verschlossen ist. An dem Hafen liegen auf einer Seite das Schloß, der alte Holm und die Friederichsstadt, auf der andern,

Christianshafen und die übrigen Holme. Zu desto grösserer Bequemlichkeit sind in die Altstadt und Christianshafen Kanäle geleitet, wo eine Menge Kaufschiffe liegen, die Lebensmittel, Holz und andere Bedürfnisse im Ueberfluß zuführen; als: der neue Hafen, der bis an den Königsmarkt geht, der Kanal welcher das Schloß umgiebt, und noch andre, bey dem alten Holm, bey der Börse und bey dem Zeughause, welche nebst dem Hafen selbst, wegen der hinein fliessenden Strassenrinnen von Zeit zu Zeit durch Modermaschinen, die auf Pramen stehen, gereinigt werden. Die Stadt liegt in einer ganz ebenen und offenen Gegend, und ist beynahe rings umher mit Wasser umflossen. Einen grossen Theil umgiebt das Meer, und an der Landseite erstreckt sich nahe vor dem Glacis, ein über 300 Ellen breiter, frischer See, daraus sie zum Theil ihr Wasser hat. Sie fällt wegen ihrer hohen und zierlichen Thürne und anderer erhabenen Gebäude von aussen prächtig ins Auge. Der Umfang des Walles beträgt etwa eine Meile, worinn ausser dem Hafen selbst noch ein grosses Stück Wassers begriffen ist, das allmählich eingeteicht wird. Die Gotherstrasse, welche die Alt= und Neustadt scheidet, ist mit dem neuen Hafen in gerader Linie 2100 Ellen lang, welches die grösseste Breite der Stadt, Christianshafen nicht mit gerechnet, aus= macht. Die Länge wird, ohne die Citadelle, etwa 1½ mahl so groß seyn. Der Häuser sind, ohne die Baracken der Matrosen, und die in der Citadelle zu rechnen, ungefehr 4000, größtentheils von Ziegelsteinen, nach neuer Bauart, und sehr stark (fast durchgehends auch die Keller) bewohnt. Die Straßen sind ausser einigen Gegenden der Altstadt, die in der grossen Feuersbrunst stehen blieben, hinlänglich breit und in der Altstadt zum Theil, in der Neustadt und Christianshafen aber alle nach der Schnur. Man zählet 13 Märkte, 12 Haupt- und 12 Nebenkirchen, daran 41 Prediger stehen, 4 königliche Schlösser, etliche und 20 andre Paläste, 16 Hospitäler, 7 Apotheken, 7 Buchladen, 12 Buchdruckereyen, 13 Zuckersiedereyen, 5 Seifensiedereyen, etwa 30 (größtentheils holländische) Windmühlen. Die Zahl der Einwohner beläuft sich auf 80000 Seelen. Im verwichenen Jahr waren 62 Laken- 70 Gewürz- 15 Eisen- 38 Flachs- über 40 Porcellain- und Theekrämer, etwa 150 Höker, und 40 Trödler oder Marchandiser, 11 Holzhändler, 59 Weinschenken, 49 Becker, 30 Buchbinder, 290 Brandteweinbrenner, 100 Brauer, 19 Uhrmacher, 65 Goldschmiede, 68 Perückmacher, 335 Schiffer, 43 Schlachter, 115 Schmiede, 290 Schneider, 275 Schuster, 123 Tischer, (ohne die vielen Freymeister in jeder Zunft, die zwar für ihre Person arbeiten, aber keine Gesellen halten dürfen), 18 Amtsbarbierer, 59 Hebammen, 42 Schulmeister, und 143 jüdische Familien. Die Stadt hat 4 Thore, das

Westerthor, wodurch die Passage aus den andern Provinzen und Teutschland geht; das Norder, welches das ansehnlichste ist, und als das Hauptthor angesehen wird, weil die öffentlichen Einzüge durch dasselbe geschehen; das Oster, und das Amacker in Christianshafen; dazu kommen noch das Thor der Citadelle, und zwey Nebenausgänge bey der langen Brücke, nach Amack und den Zimmerholzplätzen. Sie wird in 12 Quartiere, und die Bürgerschaft in eben so viel Compagnien mit Ober- und Unterofficieren, die gegen 4000 Mann ausmachen, und deren Chef Stadthauptmann heißt, eingetheilet, überhaupt aber besteht sie (ausser der Citadelle) aus 3 Theilen: der Altstadt(*), der Neustadt und Christianshafen, welches jenseit des Hafens dem Schlosse und alten Holm gegen über ganz im Wasser liegt, und durch zwey Brücken mit der übrigen Stadt vereinigt ist: die Knippelsbrücke, die von der Insel, darauf das Schloß steht, abgeht, und hauptsächlich gebraucht wird, und die 300 Ellen lange hölzerne, die den Wall am verschlossenen Ende des Hafens verbindet. Zwischen beyden Brücken steht eine steinerne Säule im Wasser, und darauf die Leda mit dem Schwan, insgemein das kopenhagener Wahrzeichen genannt. Eine dritte Brücke geht bey dem Eingange des Hafens von dem Zollhause nach dem neuen Holm, aber nur

(*) Im gemeinen Leben sind die Namen Alt- und Newstadt nicht mehr üblich.

zum Gebrauch derer, die an letzterm Orte zu thun haben. Wenn man aus der Neustadt nach Christianshafen will, läßt man sich vom neuen Hafen ab übers Wasser setzen. Die Altstadt liegt südlich, und ist der größte, volkreichste, und zugleich, weil sie 1728 größtentheils abbrannte, (wenn man die ganz neue Friederichsstadt ausnimmt), neueste und schönste Theil. Es gehören dazu: das königliche Residenzschloß auf einer Insel am untern Ende des Hafens, zu welcher 6 Brücken führen, und worauf noch die Kanzley, Börse, Zeughaus, Posthaus Proviantshof, und andere Häuser stehen; das Schloß Charlottenburg mit der Mahlerakademie, das Palais, der alte Holm mit den Magazinen für die Flotte, 6 evangelische und die reformirte Kirche, die Universität und dazu gehörige Gebäude, die lateinische Schule, der chirurgische Lehrsaal, das Rathhaus, das Wäisenhaus, das Hospital Wartov, das Comödienhaus, die Münze, das Gießhaus, 2 Thore und fast alle Märkte. In dem alten Theil der Neustadt nehmen die Baracken der Matrosen, die eine eigene kleine Stadt ausmachen, die neuen Buden genannt, das Schloß Rosenburg mit seinem Garten, und die Esplanade bey der Citadelle einen grossen Platz ein. Sonst liegt darinn noch die Besatzungskirche, die Casernen, die Aka-

Grundrisse der Stadt und Prospecte der vornehmsten Gebäude kauft man bey der Buchdrucker Wittwe Godiche in der Schinderstrasse, wie auch bey den Bilderhändlern auf der Börse.

demie der Seekadetten, das Garnisons- und das Seehospital. Die schönste Gegend derselben, und zugleich von ganz Kopenhagen ist die neu angebaute Friederichsstadt, insgemein noch Amalienburg genannt, welche nicht nur lauter schöne Bürgerhäuser, sondern auch die prächtigsten Paläste, das grosse Krankenhospital, das grosse Hospital der Stadt, die Akademie der Landkadetten, den botanischen Garten, das Zollhaus, die neue Kirche, daran gebauet wird, ꝛc. enthält. Christianshafen ist der kleinste Theil der Stadt von ungefehr 400 Häusern, und wird durch einen Kanal in zwey Hälften getheilet. Disseits sind: die Docke, die Packhäuser und Hafen der asiatischen, ingleichen der isländischen und grönländischen Handlungsgesellschaften; das Laboratorium für die Artillerie, und die teutsche Kirche. Jenseits: die dänische Kirche, das Erziehungshaus für Knaben, ein anders für Mägdgen, und das Zuchthaus. In Christianshafen sind auch verschiedene beträchtliche Magazine und Fabriken, ingleichen die sämtlichen Schiffsbauplätze, als: die zur Flotte auf dem neuen Holm, die den Handlungsgesellschaften zuständige, und noch 5 andre. Die zum Seewesen gehörigen Inseln, (ausser dem alten Holm), die sich von dem eingeteichten Biörnsplatz bis an den Anfang des Hafens erstrecken, können gleichfalls dazu gerechnet werden. Von Christiansholm, darauf das Seezeughaus steht, nach dem Baum, und von da wieder nach dem neuen Holm liegt die Flotte von etlich und 40 Schiffen, längs welcher ein schmaler Brückengang führet.

Die Märkte der Stadt sind:

Der Schloßplatz, auf dem die Wache aufzieht.

Der alte und neue Markt, die durch das Rathhaus unterschieden werden. Jener hat vorzüglich gute Bürgerhäuser, und einen 1609 angelegten Springbrunnen, es werden Pferde, Korn und Federvieh darauf verkauft. Auf dem neuen Markte steht das Waisenhaus.

Der Königsmarkt, auf den 12 Strassen stossen, liegt mitten in der Stadt, und ist der grösseste von allen. Man sieht auf ihm das Schloß Charlottenburg, das Gießhaus, das Comödienhaus, die Hauptwache, verschiedene Paläste, und die Bildsäule Christians des Fünften zu Pferde von Bley.

Der Amackermarkt zwischen vorigen beyden, woselbst die sonderbar gekleideten Amacker Bauern Gartenfrüchte, Milch ꝛc. feil haben. Weil verschiedene Hauptstrassen in ihn laufen, ist er überaus volkreich, und fast von lauter Krämern bewohnt.

Der Friederichsmarkt in dem neu bebauten Theile der Stadt wird einer von den schönsten Plätzen in der Welt seyn. Vier ausserordentlich prächtige und durchaus gleiche Paläste mit ihren Pavillons umgeben ihn im Achteck. Mitten steht die nach dem Modell des Directors der Akademie der Künste, Sally, gegossene metallene Bildsäule Friedrichs des Fünften zu Pferde in Riesengröſſe, auf einem hohen marmornen Fußgestell, ein Meiſterſtück, das wohl nirgends ſeines Gleichen hat. Gerade vor einer der vier Straſſen, die den Markt recht= winklicht durchſchneiden, wird die neue Kirche von Marmor erbauet.

Der Graubrüdermarkt, insgemein von der darauf ſtehenden ſteinernen Säule Ulfeldsplatz ge= nannt, wo Eßwaaren, alte Kleider ꝛc. zu Kaufe ſind.

Die Waſſerkunſt nicht weit vom neuen Markte, der Fiſchmarkt bey der Hochbrücke, der Kohlenmarkt und der Friedrichsburger oder Schi= denmarkt, beyde bey dem Norderthore, der Heu= markt am Weſterthore, und der Markt in Chri= ſtianshafen, daran das Zuchthaus liegt.

Andere Verkaufungsplätze ſind: die Flei= ſcherbuden in der Schinderſtraſſe, am Strande, auf dem Königsmarkte und in Chriſtianshafen; die Lein= wandsbuden an der heil. Geiſtkirche, und die Börſe, wo man alle erdenkliche, nur keine Eßwaaren, bey= ſammen findet. Daſelbſt haben auch alle Buch= führer (die Franzöſiſchen ausgenommen) und Bil= derhändler ihre Laden.

Mit friſchem Waſſer iſt die Stadt reichlich verſehen, und hat man deſſen zweherley in den Häu= ſern: Springwaſſer, das durch unterirdiſche Röh= ren aus dem eine halbe Meile entlegenen Emdruper See unmittelbar kommt; und Pumpwaſſer, wel=

ches aus den vor den Thoren liegenden Seen, dar hinein sich jener ergießt, gleichfalls durch Röhren geleitet, wird.

Die Festung hat 25 Bollwerke, die an der Landseite voll, an der Seeseite hol sind. Ein Theil des Walles, nämlich, was die Flotte einschließt, ist im Meere geführet. Bey dem Eingange des Hafens ist die unter Friedrich dem Dritten angelegte Citadelle von 5 Bollwerken. Sie hat ein Thor in die Stadt und eins auf das Feld, Baracken für ein Regiment, eine Kirche, ein Haus für den Commendanten, ein Proviantbaus und ein Gefängniß. Die Straßen sind mit Bäumen bepflanzt.

Die Besatzung besteht aus der Leibwache zu Pferde, der Leibwache zu Fuß, dem Artilleriekorps und noch 6 Infanterieregimentern, außer dem in der Citadelle. Die ganze Armee sowohl Fußvolk als Reuter ist roth montirt (wie auch die Farbe der königlichen Liberey ist), und wird teutsch exercirt, welche Sprache in der Kriegskanzley und den Kriegsgerichten gleichfalls im Gebrauch ist. Die Matrosen sind in 4 Divisionen jede von 10 Compagnien abgetheilt, und haben blaue Montur.

In den ältesten Zeiten war die Stadt ein Eigenthum der Bischöfe zu Rotschild, wie denn der Bischof Absalom 1168 ein Schloß daselbst, an eben dem Orte, wo das jetzige steht, erbauet hat. Im Jahr 1443 erwählte sie Christoph von Bayern zur königlichen Residenz, von welcher Zeit an sie immer mehr zugenommen hat. Unter Christian dem Vierten wurden die Neustadt, nebst den neuen Buden und Christianshafen, und unter Friedrich dem Dritten die hinter dem Schlosse belegenen Strassen bey den Kallebuden angelegt, und alles mit Festungswerken umgeben; 1728 brannte der grösseste Theil der Altstadt ab, ward aber in kurzer Zeit schöner wieder hergestellet. Von 1749 an ist der Platz in der Neustadt, wo das 1689 verbrannte Schloß Amalienburg mit seinem Garten gestanden, prächtig angebauet worden. Auch unter der noch kurzen Regierung des jetzigen Königs ist bereits manches zur Verschönerung der Stadt hinzu gekommen. Unter andern werden gegenwärtig die Häuser an der einen Seite des neuen Hafens auf königlichen Befehl abgebrochen, und neu in einer Linie mit dem Schlosse Charlottenburg erbauet.

Königliche Schlösser und andere Paläste

Das königliche Residenzschloß Christiansburg ist von Christian dem Sechsten ganz neu erbauet, und wird an majestätischer Grösse allen königlichen Schlössern in der Welt den Rang streitig machen. Es steht auf einer Seite an dem immer volkreichen Paradeplatz, auf der andern an der Reitbahn, um welche die Ställe nebst dem Reithause und Hofschauplatze mit einem offenen gewölbten Gange herum liegen. Der Eingang zu derselben ist mit einem grossen eisernen Gitterthor zwischen Pavillons von Quadersteinen verschlossen. In der einen Hälfte des Stalles sind die Krippen und Säulen 76 an der Zahl von Marmor. Das Hauptgebäude des Schlosses ist ganz mit Quadersteinen belegt, und macht ein Viereck aus, das den innern Hof einschließt. Die Länge der Hauptflügel ist 367, der Seitenflügel 389, und die Höhe 114 Fuß. Die Dicke oder Tiefe der Flügel ist unterschieden, der am Paradeplatz liegt hält 111, der andre, auf dem der Thurn steht, welcher gleichfalls von Quadersteinen ist, und die grösseste Glocke in der Stadt hat, 87, und die Seitenflügel jeder 75 Fuß. Die Mauern sind im Keller über 5 Ellen dick, und ruhen auf 9225 Pfälen. Der Durchgang geht in einer Linie durch beyde Hauptflügel, und giebt mit seinen

Säulen und Bogen eine sehr schöne Einsicht. Die Portale sind prächtig, und die Haupttreppen mit Marmor bekleidet, welche man, da sie ohne andre Unterstützung, bloß auf ihren Bogen ruhen, als ein Meisterstück in ihrer Art ansehen kann. Das Schloß hat, die Keller mit gerechnet, 3 grosse und 3 kleine Stockwerke. Unten sind die Zimmer des Hof= und Burggerichts, der Steuerdirection und des Landwesenscollegii, die Particularcasse, Zahlkammer ꝛc.; im zweyten Hauptstockwerke, die Gemächer des Königs und der Königinn, ingleichen der Apartementsaal, darinn viele Bildnisse aus dem königlichen Hause hängen; der Saal des höchsten Gerichts, mit einem Thron und grossen Plafondgemählde, und der ausnehmend prächtige im besten Geschmack ausgezierte so genannte Rittersaal, dessen Höhe durch zwey grosse und ein kleines Stockwerk geht. In einem an letztern stossenden Zimmer siehet man die Bildnisse der jetzigen Könige in Europa in Lebensgrösse, lauter Originale. Die dritte Hauptetage wird von den verwittweten Königinnen, dem Prinzen Friedrich und der Prinzeßinn bewohnt. Die königlichen Zimmer sind aufs prächtigste meublirt, und die Gemählde über den Thüren und Kaminen von den grössten Meistern Italiens und Frankreichs; in den Kabinetten finden sich eine Menge ungemeiner Kostbarkeiten von Kunstsachen. Die Schloßkirche ist in einem Nebengebäude, und über die Masse prächtig. Die Wände und der

Fußboden sind mit Marmor belegt, und an den Seiten 24 frey stehende Säulen von weissem Marmor mit vergoldeten Schaften. Der Altar ist ebenfalls Marmor, über demselben die zierliche stark vergoldete Kanzel, noch höher die Orgel, und gegen über die königlichen Stühle. Die Decke ist von dem berühmten Krock gemahlt, und stellet das jüngste Gericht vor.

Das so genannte Palais, nahe bey Christiansburg. Es war die Residenz Christian des Sechsten und Friederich des Fünften als Kronprinzen, und wird jetzt von einigen Hofbedienten bewohnt, auch hält die öconomische Gesellschaft (*) darinn ihre Zusammenkünfte.

Das Schloß Rosenburg am Nordetwall. Es ist mit Graben und Wall umgeben, alt, aber wegen der Kostbarkeiten, die es enthält, höchst sehenswürdig. Im untersten Stockwerke bemerkt man eine Gallerie mit Gemählden, einige schöne

(*) Sie ist seit kurzem nach dem Beyspiel der Londner errichtet, und sehr zahlreich. Die Gesellschaft der Wissenschaften, deren Abhandlungen in dänischer Sprache gedruckt werden, versammlet sich bey ihrem Präsidenten, jetzt dem Grafen Thott. Die öconomische, darinn der Graf von Bernsdorf präsidiret, theilet sehr ansehnliche Preise aus; dergleichen auch von einer Gesellschaft zur Beförderung der schönen Wissenschaften, und auf königliche Kosten, von dem Landwesenscollegio in der Haushaltungskunst, und von der Universität in allerley Materien geschieht.

Meubelstücke, und eine 68 Ellen lange Sprachröhre; im zweyten unter andern ein Spiegelkabinet; das dritte Stockwerk macht ein grosser Saal aus, dessen gewebte Tapeten die Kriegsverrichtungen Christian des Fünften abbilden, und darinn drey Löwen von Silber, die bey der königlichen Krönung vor den Thron gesetzt werden, und ein silbernes Gestell zu einem Taufbecken stehen. An diesen Saal stößt auf jeder Seite ein Nebenzimmer. In dem einen sind die Stühle, darauf der König und die Königinn bey ihrer Salbung sitzen, jener von Einhorn, das in alten Zeiten sehr kostbar gehalten ward, dieser von Silber; eine Sammlung von künstlichen Gläsern, Miniaturgemählde und die Stempel der Gedächtnißmünzen. Das andere bewahret einen Schatz von Kostbarkeiten. Man siehet darinn ein Kabinet mit einer Menge der prächtigsten Stücke von Gold, Perlen und Edelsteinen, unter andern viele Gefässe von orientalischem Achat, Jaspis, Onyx, und ausserordentlich grossen Granaten, zum Theil mit den vortrefflichsten in Came oder Onyx geschnittenen Antiquen, theils Köpfen, theils historischen Stücken, besetzt; ein über alle Masse kostbares Reitzeug von Christian dem Vierten, der dieses Schloß erbauet hat, im Turnier gebraucht; das ungewöhnlich schwere goldene Tafelgeschirr; und endlich die wegen ihres ausnehmenden Werths an Juwelen berühmten Reichsinsignien, welche jedoch nicht ohne besondere königl. Erlaubniß gezeiget werden (*). An einem andern Orte sind noch Paradekleider von verschiedenen Königen zu sehen. Der Lustgarten bey diesem Schlosse, welcher den Einwohnern zu einem angenehmen Spatziergange dienet, ist über 900 Ellen lang und 600 breit, und hat ein grosses Gewächshaus mit einem Speisesale. Unter den Statüen ist ein Hercules, der den Löwen tödtet, von Marmor, vorzüglich; ferner, ein Löwe, der ein Pferd zerreißt, von Metall; zwey Löwen von Kupfer ꝛc. Eine Allee ist mit grossen Kugeln von italiänischem Marmor besetzt.

Das Schloß Charlottenburg auf dem Königsmarkte ist regelmäßig, vom Grafen Güldenlöw Friederichs des Dritten natürlichem Sohn erbauet, und nachgehends von verschiednen königlichen Personen bewohnt worden. Jetzt befinden sich darinn: die Mahler, Bildhauer, Kupferstecher und Bauakademie mit ihren Classen, und den Wohnungen der Professoren (**). Eine Naturaliensammlung,

(*) Bey Krönungen und königl. Leichbegängnissen werden sie einige Tage zuvor bey dem Hofjuwelier öffentlich ausgesetzt.

(**) In dieser Schule der Künste, der wir bereits einige vortreffliche Meister zu danken haben, werden jährlich 6 silberne und 8 goldene Münzen ausgetheilet, und die Preißstücke den 31 März zur Schau gestellet. Vier von denen, die eine goldene Preismünze erhalten haben, geniessen 6 Jahr lang ein Reisestipendium. Der Director der Akademie ist gegenwärtig der berühmte Sally, der Meister der vortrefflichen Statüe auf dem Friedrichsmarkte.

darüber Vorlesungen gehalten werden. Eine Sammlung von Schriften und Urkunden zur dänischen Geschichte. Und der Saal, wo die Lotterie gezogen wird.

Die prächtigsten Privatpaläste stehen meistens in der Friedrichsstadt, als der gräfl. Moltkische, Schackische, Levezowsche und die Akademie der Landkadets, welche 4 ganz gleich sind, und den Markt umgeben; der gräfl. Bernsdorfische und Reventlovische, neben einander ebenfalls von ganz gleicher und überaus prächtiger Bauart; der gräfl. Laurwigische, Schimmelmannische ꝛc. Ausser der Friedrichsstadt sind: der gräfl. Thottische, Grammische und der so genannte Großkanzlerische auf dem Königsmarkte, der gräfl. Knutische hinter dem Schlosse, der gräfl. Holsteinische in der Sturmstrasse, der Lerchische hinter der Börse, von der Lühische in der Kaufmacherstrasse ꝛc.

Kirchen

Die Frauenkirche nicht weit vom alten Markte, ist als die vornehmste anzusehen, darinn alle Prediger des Stifts Seeland, ingleichen die sämtlichen Bischöfe in Dännemark und Norwegen ordinirt werden. Sie ist zugleich die größte und höchste von allen, mit einem zierlichen Altar, der vollständigsten Orgel, verschiedenen marmornen Grabmählern, darunter das Güldenlöwische und Adlerische ausserordentlich prächtig sind, und einem sehr schönen, 380 dänische oder rheinländische Fuß hohen Thurn (*), der also von den höchsten in Europa ist. Er hat sehr wohlklingende Klocken, davon die größte 12600 Pfund wiegt, und ein Klockenspiel, das bey Begräbnissen gebraucht wird.

Die Nicolai Kirche ist, da sie in der grossen Feuersbrunst stehen geblieben, nach alter Art mit vielen theils guten Gemählden, Bildschnitzereyen, Vergoldungen und Grabmählern, von denen das Rosencranzische von Marmor sich ausnimmt, gezieret. Ihr Thurn, dessen obere Spitze auf vergoldeten Kugeln ruhet, ist 1666 erbauet, und nach dem Frauenthurn der höchste in der Stadt. Dabey

---

(*) Die hiesigen Thürne haben fast insgesamt hölzerne mit Kupfer gedeckte und hin und wieder vergoldete Spitzen, und eine Gallerie oder sogenannten Wächtergang.

B

ist wegen der benachbarten engen Gassen ein Wasserbehälter von 400 Tonnen, der immer Zufluß hat, mit einer sehr grossen Sprütze, daraus das Wasser auf den Thurn gebracht, und die ordentlichen Feuersprützen geschwind gefüllt werden können.

Die heilige Geist Kirche am Amackermarkt, mit einem niedrigen Thurn. Der Altar ist von Marmor, und hat in der Capelle des alten Schlosses gestanden.

Die Trinitatis Kirche, insgemein von der Gestalt ihres Thurns die runde genannt. Dieser ist zu dem astronomischen Observatorio eingerichtet, und von nicht gewöhnlicher Bauart, rund und allenthalben gleich dick, von blossem Mauerwerk, 111 Fuß hoch und 48 breit, oben platt mit einem Geländer. Das innere des Thurns besteht aus einem beständigen gewölbten Schneckengange, der den Winkel von sechstehalb Graden mit dem Horizont macht, daß man gemächlich hinauf geht, auch wohl reiten und fahren könnte. Ueber der Kirche steht die Universitätsbibliothek.

Die Holms, oder des Seestaats Kirche, bey dem alten Holm am Wasser. Sie ist zu Christian des Vierten Zeiten erbauet. Kanzel und Altar sind künstlich von Holz geschnitzt. Unter den Grabmählern ist, das sehr ansehnliche des Admirals Nikolai Juels, ingleichen des berühmten Tordenskiolds.

Die teutsche oder St. Peterskirche nahe bey der Frauenkirche, mit einem neuen und zierlichen Thurn. Der Altar ist wohl angelegt, und hat ein vortreffliches Gemählde von Krock, das Christum am Oelberge vorstellet. In der Leichenkapelle sind einige schöne Grabmähler, insonderheit das Lentische.

Die reformirte Kirche, nahe bey dem Rosenburger Garten. Darinn wird Sonntags 4 mahl Gottesdienst gehalten, Vormittags um 9 teutsch, um 11 französisch; Nachmittags um 2 teutsch, um 4 französisch.

Alle diese Kirchen sind in der Altstadt, und, die Nikolai und Holmskirche ausgenommen, nach dem Brande von 1728 neu erbauet.

Die Garnisonskirche liegt in der Neustadt, und ist 1704 gebauet. Es wird darinn wechselsweise in dänischer und teutscher Sprache geprediget. Der Altar ist norwegischer Marmor.

Die dänische Kirche in Christianshafen ist nach neuer Bauart, und hat einen ausnehmend prächtigen Altar von italiänischem Marmor, und Taufstein von Alabaster. Die Thurnspitze ist ebenfalls ausserordentlich schön, und stellet eine Wendeltreppe mit einem Geländer vor, die immer enger wird und bis zu oberst geht, wobey die Vergoldung häufig und sehr wohl angebracht ist. Oben steht eine grosse Kugel, und darauf Christus mit der Siegsfahne.

Die Christianshafener teutsche Kirche ist 1755 erbauet, und nach dem neuesten Geschmack eingerichtet, mit einem marmornen Altar, und gewölbten Begräbnißkeller, der unter dem ganzen Gebäude hin geht, und seinen Eingang und Luftlöcher von aussen hat. Der Thurn ist zierlich, und, so weit die Mauer geht, mit Quadersteinen belegt.

Die Kirche in der Citadelle, darinn eins ums andere Teutsch und Dänisch geprediget wird.

Alle bisherige Kirchen wird dereinst die so jetzt in der Friedrichsstadt durchaus von Marmor aufgeführt wird, an Pracht sehr weit übertreffen. Sie wird nach dem Modell, das im Schlosse Charlottenburg zu sehen ist, rund, und mit der Kuppel, durch welche das vornehmste Licht hinein fällt, 132 Ellen hoch, mit ansehnlichen Vorgebäuden oder Frontispicen, vielen Säulen, Statuen, ꝛc. und einem niedrigen Thurn an jeder Seite.

Besondere oder Nebenkirchen sind: im Schlosse, wo Vormittags um 11 dänischer, Nachmittags um 4 teutscher Gottesdienst ist; im Waisenhause; im Stadtgefängniß oder der Schliesserey; im Hospital Wartov; im Quästhause oder Seehospital; im allgemeinen Stadtarmenhause; im Garnisonshospital; im Pesthause, wo der Prediger des Garnisonshospitals den Gottesdienst verrichtet; in Abelkathrinenshospital, wo der Prediger des allgemeinen ihn versiehet; im Stockhause, wo die Garnisonsprediger, wechselsweise in dänischer und teutscher Sprache predigen, und im Zuchthause.

Die Gesandtschaften haben zum Theil ihre besondere Kapellen und Prediger, als die kaiserliche, französische, englische und holländische. Die Juden haben eine teutsche Synagoge in der Lederstraße, die die ansehnlichste ist, und drey portugiesische.

Andre öffentliche Gebäude

Die Kanzley, hart am Schlosse, von Friederich dem Vierten erbauet, wo verschiedene der vornehmsten Collegien zusammen kommen. Im mittleren Stockwerke versammlen sich, der geheime Rath, die dänische und teütsche Kanzley, und die Kammercollegien; im obersten sind die Contoirs der Rent= und Zollkammern; und im untern, welches gewölbt ist, werden die Archive verwahrt.

Das Rathhaus liegt zwischen dem alten und neuen Markte rund umher frey, ohne Hof. Darinn sind die bürgerlichen Gerichtsstuben und Contoirs, die Versammlungssäle des Magistrats und der 32 Bürger, die Wachtstuben der Brandwache und einige Gefängnisse für solche, die von den Nachtwächtern aufgebracht werden, und andere geringe Verbrecher. Es ist nach dem grossen Brande neu aufgebauet.

Die Universität, insgemein der Studienhof genannt, liegt bey der Frauenkirche, und enthält: die Lehrsäle; ein uraltes vom Feuer verschontes Gebäude, wo sich die Professoren versammlen, und die Examina (*) geschehen; eine Anatomiekammer; einen botanischen Garten; und die Communität,

(*) Deren muß ein Studirender drey, die alle öffentlich sind, durchgehen; eins vor der Inscription, ein Jahr darauf oder später das so genannte philosophische, und endlich das dritte nach vollendeten akademischen Studien in der Wissenschaft, der er sich gewidmet hat.

da 180 Studenten sich Vormittags von 10 bis 11 im disputiren üben, und jeder 5 Jahr wöchentlich 4 Mark einzunehmen haben. Ausserdem sind 4 so genannte Collegia, wo Studenten ebenfalls 5 Jahre lang, Wohnung und ein gewisses an Geld haben. Die Regenz oder das königliche, das Borrichische, das Elersische, das Walkendorfische. Das letztere liegt in der St. Petersstraße, die übrigen in der Kanikestraße, wo die Universität ist. In der Regenz sind 100, deren Einkünfte in dem Privilegio bestehen, alle Leichen, die Zünfte und den Kriegsstand ausgenommen, zu Grabe zu tragen; in jedem der andern Collegien sind 16, die jährlich im Borrichischen 60, im Elersischen 40, im Walkendorfischen 38 Rthlr. geniessen. Diese 3 haben kleine Bibliotheken. Die sämmtlichen akademischen Stipendien machen wenigstens ein Capital von 300000 Rthlr. aus. Der jährliche Zuwachs der Universität ist über 200. Alle Jahr wird, 8 Tage nach Pfingsten, ein neuer Rector eingesetzt.

Die lateinische Schule, an der andern Seite der Frauenkirche, hat 6 Classen, und Wohnungen für die Lehrer. Die Schüler, deren 100 sind, wiedmen sich alle dem studiren, und bekommen 8 Jahr lang freyen Unterricht, schwarze Kleidung, und ein gewisses an Geld, dafür daß sie bey Leichen singen (*).

(*) In Christianshafen nahe bey der teutschen Kirche ist eine Kostschule, wo bemittelter Leute Söhne er-

Der Lehrstuhl für die Wundärzte in der Kaufmacherstrasse, woselbst alle, ehe sie eine Bedienung erhalten können, examinirt werden müssen. Dabey ist eine Anatomiekammer und kleine Bibliothek.

Die Börse, ein gothisches, aber ansehnliches, 200 Ellen langes Gebäude, mit einem kostbaren marmornen Portal auf der Vorderseite. Sie ist zu Christian des Vierten Zeiten erbauet, und liegt bey dem Schlosse, rund herum frey, mit Wasser an beyden Seiten. Den größten Platz darinn nehmen die Krambuden ein. Vornen ist ein leerer Raum gelassen, wo sich die Kaufleute versammlen, und die Mäkler und Assecuranz Contoirs sind. Hinten ist die Bank und das Magazin, welches den Zeugfabrikanten ihre Waaren abnimmt, und sie wieder auf Credit an die Krämer überläßt. In den gewölbten Kellern findet man Flachs, Eisen und andere grobe Waaren.

Das Posthaus hinter der Börse, wo die reitenden und fahrenden Posten (*) abgefertigt wer-

gen, und sowohl in den allgemein nothwendigen Wissenschaften, als den besondern nach eines jeden Bestimmung, unterwiesen werden.

(*) Die reitende Post nach Hamburg, womit zugleich die Briefe nach allen Provinzen abgesandt werden, geht Dienstags und Sonnabends ab, und kommt Montags und Freytags an. In Hamburg kommt sie Dienstags und Freytags an, und geht an denselbigen Tagen wieder ab. Ein einzelner Brief kostet 12 Schilling dän., ein doppelter noch einmahl so viel, dicke Briefe werden gewogen, und jedes Loth für einen

den, und das Collegium des Postwesens, ingleichen das Generalitäts- und Commissariats-Collegium zusammen kommen.

Der Posthof in der Kaufmacherstraße, wo das Contoir der Extraposten ist (*).

Das Zollhaus am Eingange des Hafens, wo die Schiffe verzollet und visitirt werden.

Das Comödienhaus auf dem Königsmarkt, das 1748 erbauet, und sehr bequem eingerichtet ist.

Das Gießhaus eben daselbst. Die Münze hinter Charlottenburg. Das allgemeine Brauhaus bey der langen Brücke. Das Assistenzhaus, wo man Geld gegen Pfand geliehen bekommt, in der Snarestraße, das Wägehaus am Strande, das Brauergelachshaus, die Schießbahn vor dem Westerthore, u.s.w.

einzelnen gerechnet. Die norwegische Post geht des Sonnabends ab, und kommt Donnerstags an, ein Brief nach Christiania kostet 12, nach Bergen und Drontheim 24 Schilling. Die schwedischen Briefe werden Donnerstags und Sonntags auf die täglich nach Helsingör abgehende Post gegeben, und können nicht weiter als bis dahin frankirt werden. Wöchentlich fährt eine Post nach Hamburg, und eine nach den Inseln Falster und Lolland, künftig auch eine nach Christiania und Kongsberg, deren Contoir in der Grünstraße ist.

(*) Bis zwey Meilen von der Stadt kann man die Miethkutschen brauchen, deren über 100 sind. Man bezahlt für eine Tour 12 Schill., für einen halben Tag 5 Mark, für einen ganzen 1 und ein halben Rthlr. Portechaisen sind im Adreßcontoir zu finden.

Das Stadtgefängniß, die Schliefferen genannt, liegt bey dem neuen Markte, und ist mit den Kellern 5 Stock hoch. Es hat seine eigene Kirche und Prediger.

Der blaue Thurm bey der langen Brücke ist das Gefängniß für geringe Hofbediente und das Kopenhagener Amt.

Das Stockhaus oder Garnisonsgefängniß am Walle nach dem Osterthore zu. Daselbst wird ein Theil der zum Festungsbau Verurtheilten, oder so genannten Sklaven bewahret. Die übrigen haben ihren Aufenthalt in der Citadelle, wohin auch Gefangene höhern Standes zu kommen pflegen. Im Stockhause werden Verbrecher aus allen Foris, sonderlich Dieberey wegen, peinlich verhöret.

Zum Kriegsweſen gehörige Gebäude

Das Zeughaus liegt bey dem Schloſſe. Darinn ſtehen unten die Lafeten u. d. gl., nebſt einer gewaltig groſſen Schnellwage, damit ein einiger Menſch die ſchwerſten Laſten abwiegen kann; oben iſt das kleine Gewehr in einem 300 Ellen langen Saal in zierlicher Ordnung aufgeſtellet mit eroberten Fahnen ꝛc. Das ſchwere Geſchütz, darunter eine alte 23 Fuß lange Kanone iſt, liegt im Hofe, und die Feldartillerie hat ihren Platz in einem Seitengebäude unter der königl. Bibliothek und Kunſtkammer. Bey derſelben ſiehet man mancherley zum Theil ſehr ſonderbare Erfindungen, ingleichen zwey Kanonen und einen Mörſer, die zu Venedig in Beyſeyn Friederich des Vierten gegoſſen und vergoldet ſind, und eine groſſe Kanone mit dem oldenburgiſchen Stammbaum. Bey dem Zeughauſe ſind auch alle Arten von Werkſtätten, die zum Geſchütz gebraucht werden (*).

Das Laboratorium der Artillerie, nebſt einem Magazin von Lafeten und Karren, in Chriſtianshafen.

(*) Das kleine Gewehr wird unweit Helſingör verfertigt, und die metallenen Stücke zu Friedrichswerk, 6 Meilen von Kopenhagen, gegoſſen und gebohret. An letzterm Orte iſt auch eine groſſe Pulvermühle.

Der Lehrsaal für die Officiers der Artillerie, wobey auch die Krankenstuben dieses Regiments sind, bey dem blauen Thurn.

Die Hauptwache auf dem Königsmarkte.

Die neu erbaueten Casernen für 2 Regimenter, am Walle, zwischen dem Norder- und Osterthore.

Die Akademie der Landkadetts, einer von den 4 Palästen auf dem Friedrichsmarkt. In dieser werden bis 50 zu Officiers bestimmte junge Leute freygehalten, und sowohl in den Kriegs- als andern Wissenschaften unterwiesen.

Das Proviandhaus für die Besatzung ist in der Citadelle.

Die Pulverthürne stehen in den holen Bastionen, 2 bey dem Osterthore, 4 zwischen der langen Brücke und dem Amackerthore, und noch 5 vom Thore bis zum äussersten Bollwerk, ausser 2 in der Citadelle.

Die Gebäude des Seewesens sind überaus weitläuftig, und meistens auf verschiedene kleine Inseln (dänisch Holme) vertheilet. Im alten Holm der diesseit des Hafens liegt, sind die Magazine von dem was zur Ausrüstung der Flotte gehört, wo Ordnung und Menge des Vorraths den Zuschauer in Bewunderung setzen, ingleichen die Ankerschmiede, Seilerbahn und übrige Werkstätten, die Modell- und Instrumentenkammern, ein Lehrſaal, die Navigations und andre Schulen, die Wohnung des Chefs vom Hohn ꝛc. Hier werden auch die zur Arbeit Verurtheilten und andre Gefangene bewahret. Unmittelbar am alten Hölm iſt das Admiralitäts und Commiſſariats Haus, wo auch die Gerichte des Seeſtaats gehalten werden, und der Oberſecretair der Seekriegskanzley wohnet. Mitten im Hafen liegt Chriſtiansholm mit dem auf das reichſte angefüllten Seezeughauſe; und jenſeits, oben bey dem Eingange des Hafens, der neue Holm. In dieſem werden die Kriegsſchiffe gebauet, und ſind daſelbſt die dazu erforderlichen Stapel und Werkſtätten, nebſt einem groſſen Wachhauſe. Er hängt mittelſt zwiſchen liegender Inſeln, darauf Magazinhäuſer zu Maſten, Ankern ꝛc. ſtehen, mit Chriſtiansholm, und durch eine ſchwimmende Brücke, die den Eingang des Hafens ſchließt, mit der Zollbude zuſammen, und iſt an der Seeſeite mit Kanonen bepflanzt. Sowohl in Chriſtians= als dem neuen Holm ſind gemauerte Krahne.

Die Docke iſt in Chriſtianshafen zu Chriſtian des Sechſten Zeiten angelegt. In dem mit Holz ausgefütterten Baßin können die größten Schiffe zur Ausbeſſerung trocken liegen, wenn die Schleuſen zugemacht und das Waſſer ausgepumpt worden. Dabey betrachtet man noch das Modell dieſes vortrefflichen Werkes, ſowohl was über als in der Erde iſt, und eines darinn liegenden Kriegsſchiffes, ingleichen die Mühle, die eine unter dem Boden entsprungene Quelle abtreibt.

Die Akademie der Seekadetten liegt in der Neustadt, unweit der für die Landkadetts. Darinn werden 50 unterhalten, und andre haben bloß freyen Unterricht.

Das Proviantkaus für die Flotte liegt bey dem Schlosse.

Die verheyrateten Matrosen wohnen guten Theils in den neuen Buden beysammen. Die Artilleristen der Flotte haben Baracken in Christianshafen bey dem Laboratorio.

Magazine und Fabriken

Von jenen sind: das Haus der asiatischen Compagnie in Christianshafen, wo die ostindischen und chinesischen Waren verauctionirt werden. Die Packhäuser der isländischen und grönländischen Compagnie, nebst einer Thranbrennerey, ebenfalls in Christianshafen auf Biörnsplatz. Das Packhaus der guineischen Compagnie hinter der Börse. Die grossen Tobacks= und Wollmagazine in Christianshafen. Das Tuchmagazin auf der Börse. Die Zimmerholzplätze bey der langen Brücke. Das Heumagazin eben daselbst. Das Laurwigische Eisenmagazin in der grossen Königsstrasse. Das Magazin des norwegischen Glases auf dem Amackermarkt. u. a. m.

Von der grossen Anzahl Fabriken von allen Arten, wollen wir nur einige der wichtigsten nennen: Die größste Lakenfabrik, welche die Armee und Flotte versiehet, ist im Goldhause, das seinen Namen von einem Goldmacher hat, bey den neuen Buden. Unter den privaten nimmt sich die Hofmannische bey dem Quästhause aus. Eine grosse Seidenfabrik ist in der breiten Strasse. Eine Band=fabrik in der Osterstrasse. Eine wichtige Kattundruckerey vor dem Osterthore. Eine Kalkbrennerey (ausser einer andern in Amack), Wachsbleiche und Leimfabrik eben daselbst. Eine Seegelfabrik vor dem Norderthor. Eine Kartenfabrik in der Bürgerstrasse. Ein unächtes Porcellainwerk in der grossen Königsstrasse. Ein andres in Amack, wo unter andern die Zuckerhutformen gemacht werden. Eine beträchtliche Malzmühle bey dem Quästhause. Unter den Zuckersiedereyen ist die Schimmelmannische in Christianshafen die grösste, und wird kaum irgendwo ihres Gleichen haben. Daselbst sind auch verschiedene Seifensiedereyen, eine Wachstuch= Kunruß= und Pfeifenfabrik, Eisengiesserey, Pulvermühle, (die aber gegenwärtig nicht gebraucht wird), Grützmühle, grosse Seilerbahn, Thranbrennerey, u. s. w.

Hospitäler

Unter diesem Namen verstehe ich Kranken, Armen, Erziehungs- und Arbeitshäuser, wie auch reichere Stiftungen oder so genannte Klöster (*).

Das Friedrichshospital, bey der Citadelle und Zollbude, ist von Friedrich dem Fünften gestiftet und ansehnlich erbauet. Darinn werden 182 Kranke (**), die mit keiner ansteckenden oder offenbar unheilbaren Seuche behaftet sind, mit Arzneymitteln versorget, und sonst auf alle erforderliche Art bis zur völligen Genesung bestens verpfleget. Es hat seinen eigenen Medicus, Wundarzt, Prediger und Apotheke, und verdienet wegen seiner vortrefflichen Einrichtung vor allen andern besehen

---

(*) Die Zahl der in oder aus Hospitälern unterhaltenen Armen beläuft sich auf 5000. Dazu kommen noch die Freyschulen, wo über 2000 Kinder beyderley Geschlechts ausser dem Unterrichte, gekleidet werden, und meistens etwas zum Unterhalt bekommen. Ingleichen eine Menge, die Pension vom Könige haben, oder aus Collegienkassen, Collecten, ꝛc. Almosen geniessen.

(**) 125 geniessen alles frey, und müssen vom Bürgerstande seyn, 20 (eigentlich Dienstboten) bezahlen wöchentlich 7 Mark, 25 werden vom Soldatenstande, gegen Erlegung der halben oder ganzen Löhnung, aufgenommen, 12 können besondre Zimmer bekommen, und geben wöchentlich dafür im Sommer 15 Mark, im Winter 4 Rthlr. Die Kranken, die nicht im Stande sind zu gehen, werden in einer Sänfte abgeholt.

zu werden. Der Hof ist mit Bäumen zu Spaziergängen für die Kranken bepflanzt. Zu diesem Hospital gehören die Einkünfte von der norwegischen Post (*) und dem Kartenstempel. Dabey ist auch eine vom allgemeinen Stadtarmenhause abhängende Anstalt zur Entbindung geschwächter Weibspersonen, deren des Jahrs etwa 300 sind. Sie haben alles frey, und können, wenn sie 20 Rth. bezahlen, ihre Kinder zurück lassen (**).

Das allgemeine Hospital oder Stadtarmenhaus, ein ganz neues und sehr ansehnliches Gebäude, liegt nahe bey dem Krankenhospital. Darinn sind gegenwärtig 500 Personen (***), 200 davon geniessen alles mit einander frey, 300 haben Wohnung, Betten, Wärme und Aufwartung, von welchen letztern jedoch 200 wöchentlich auch ein gewisses an Gelde nach ihren Umständen bekommen. Ausserdem werden an 962 Arme ausserhalb, darunter 413 Kinder sind, Almosen ausgetheilt, und gegen 500 in dem freyen Entbindungshause

(*) Die Einkünfte der Hamburgischen werden zu königl. Pensionen für Wittwen und andre Bedürftige angewandt.

(**) Vor dem Norderthore wird jetzt ein Haus zu Einpropfung der Blattern eingerichtet, um die Ausbreitung derselben zu verhüten.

(***) 18 dazu gehörige Arme haben bisher in Christianshafen in der Sophienstrasse freye Wohnung gehabt, werden ihm aber vermutlich mit der Zeit auch einverleibt werden.

gebotne Kinder versorget. Für dieses Hospital und darunter gehörige Arme wird alle viertel Jahr eine Collecte in der Stadt gesammlet. Bey demselben sind drey grosse Krankenstuben für die Pensionisten aussethalb, wo auch wohl andre, wenn im Friedrichshospital kein Platz ist, gegen geringe Bezahlung aufgenommen werden. Alle von der Strasse aufgehobene Bettler werden ins allgemeine Hospital zur Untersuchung gebracht, und die vom Bürger- und Soldatenstande ins Kinderhaus, die vom Seeetat ins Quästhaus gethan.

Das Pesthaus oder St. Johannishospital ist kürzlich vor dem Norderthore, da wo vorher das Garnisonshospital war, neu eingerichtet. Es kann mit Recht ein Spiegel des menschlichen Jammers genannt werden; denn es enthält über 200 der allerelendesten Armen, darunter etwa 60 Wahnsinnige, auch einige, die wegen übler Aufführung in Verwahrung gehalten werden, sind. Es wird theils vom allgemeinen Hospital unterhalten, theils von einer Stiftung eines vor wenig Jahren gestorbenen katholischen Bürgers Rosset, die über 30000 Rth. beträgt. Vermöge der letztern werden 70 in einigen Stücken etwas besser wie die andern gehalten.

Das Garnisonshospital, Christians Pfleghaus genannt, dessen neue Einrichtung so wie des vorigen, unter der Regierung des jetzigen Königs zu Stande gekommen ist. Es liegt am Ende der grossen Königsstrasse, und unterhält gegenwärtig 213 Alte und Schwache, und 172 Waisenkinder beyderley Geschlechts, die darinn erzogen werden, zusammen 385.

Das Quästhaus am Ende des neuen Hafens, ist das Krankenhaus für die Flotte (*). Zugleich sind daselbst über 100 als Bettler eingebrachte Arme, Alte und Kinder, vom Seewesen, davon die Gesunden an einer Fabrik arbeiten. Auch werden an etwa 700 Personen ausserhalb wöchentliche Almosen ausgetheilet (**). Es gehören dazu die Einkünfte des Assistenz- oder Leihehauses, und der Miethe von den Krambuden auf der Börse.

Das 1739 neu erbauete Zuchthaus, insgemein Kinderhaus genannt, liegt in Christianshafen am Markte. Es enthält anjetzt 450, theils Erwachsene, theils Kinder, grossentheils Weibspersonen, die zur Strafe dahin verurtheilt, oder von den Bettelvögten eingebracht sind. Die Gesunden müssen Wolle zu der Fabrik des Goldhauses spinnen, und Farbholz raspeln. Bey dem Zuchthause ist eine Krankenstube für venerische Patienten.

Alle diese Hospitäler haben ihre eigene Kirchen und Gottesdienst.

(*) Von der Garnison hat jedes Regiment seine besondere Krankenstube.

(**) Man geht jetzt mit einer ansehnlichen Vergrösserung des Gebäudes um, daß ein Theil der Pensionisten Wohnung bekommen sollen.

Die Wartov oder das heil. Geisthospital am Wall, nicht weit vom Westerthore, mit einer Kirche, ist das älteste Hospital von allen, von Christian dem Ersten gestiftet. Darinn sind 350 meist Weibspersonen, davon ein Theil aus Stiftungen von Privatpersonen unterhalten werden, deren Familien das Recht haben, die erledigten Stellen wieder zu besetzen. Sie haben ausser der Wohnung Betten Wärme und Aufwartung wöchentlich 3 Mark. In der Krankenstube werden auch Pensionisten vom allgemeinen Stadthospital angenommen.

Die kleinern Hospitäler sind: Abel Cathrinens in der Querstrasse für 23, die Hamburger Seelbuden in der Münzerstrasse für 14, das Pfleghaus der teutschen Kirche in der Larslenstrasse für 16, und das Budolphshospital in der Petristrasse für 6 Personen, welche alle reichlicher als in den allgemeinen Armenhäusern versorgt werden.

Das Harbotsche 1741 gestiftete Kloster in der Sturmstrasse für 13 adeliche Wittwen mit 160 Rth. jährlicher Einnahme.

Das Petersensche Kloster in der Wimmelschaft für 20 alte Jungfern, Prediger und Kaufmanns Töchter; davon jede des Jahrs 150 Rth. hat. Es ist ein ganz neues ansehnliches Haus, und steht unter der Aufsicht der Prediger und Vorsteher der teutschen Kirche.

Das Waisenhaus, ein weitläuftiges nach dem Brande neu aufgeführtes Gebäude, das die ganze eine Seite des neuen Marktes einnimmt. Darinn sind 140 Kinder, halb Knaben und halb Mägdgen. Es hat eine Kirche, Apotheke, Buchladen und Buchdruckerey, wo alle dänische Bibeln und Catechismi gedruckt werden, kleine Bibliothek und Naturalienkammer. Das Kircheninspections- und das Missionscollegium werden auch hier gehalten.

Das Erziehungshaus in Christianshafen für 230 Knaben, die längstens bis ins 15te Jahr darinn bleiben, und in Fabrikenarbeiten unterwiesen werden. Es ist 1754 ansehnlich erbauet. Zum Behuf desselben wird jährlich eine allein privilegirte Lotterie von 5 Classen gezogen.

Ein Erziehungshaus für 120 Mägdgen, ebenfalls in Christianshafen, nicht weit vom Thore. Es steht unter der Aufsicht des teutschen Predigers Hr. Lork. Die Kinder werden von privaten Beyträgen unterhalten (*), und zu allerley weiblichen Arbeiten gewöhnt. Sie verfertigen auch die Flaggentücher zur Flotte, und mahlen zum Theil die Kupferstiche zu den grossen Kräuter- und Conchylienwerken.

(*) Jährlich werden für eines 30 Rth. bezahlt.

Noch sind zweyer von dem Adreßcontoir, bloß aus einzelen Gaben mildthätiger Personen errichteten Anstalten zu gedenken. Nach der einen werden 120 Arme wöchentlich einmal gespeiset, und nach der andern eine Anzahl Kranke mit Arzneyen und Lebensmitteln versorget.

Bibliotheken

Die königliche steht in dem mittleren Stockwerke eines Gebäudes bey dem Schlosse, darinn auch die Kunstkammer und ein Theil des Zeughauses sind. Sie ist in einem 110 Ellen langen Saal, welcher einen drey bis fünf fachen Widerhall giebt, aufgestellet, mit einer Gallerie in der Höhe, daß man bequem zu den obern Reihen kommen kann, und macht anjetzt gegen 100000 Bände aus. Unter den gedruckten Büchern finden sich, ausser vielen andern Seltenheiten, verschiedene von den ältesten teutschen Bibeln, theils auf Pergamen, ingleichen von den ersten Ausgaben lateinischer Autoren, unter andern auch ein 1578 in Fol. zu Kopenh. in teutscher Sprache herausgekommenes Buch von der Kriegskunst mit gemahlten Kupferstichen und beygeschriebenen Anmerkungen Königs Christian des Vierten, so vermutlich das einzige in der Welt ist. Unter den Handschriften sind viele von Tycho Brahe, der codex flatejensis, welcher von der norwegischen Geschichte handelt, u. a. m. Ingleichen eine Menge arabischer, welche die auf königliche Kosten nach dem Morgenlande gereisete Gesellschaft eingesandt hat (*). Da-

---

(*) Der nur allein davon zurückgekommene Ingenieurcapitain Niebur ist jetzt im Begriff, die Reisebeschreibung, die eine der merkwürdigsten seyn wird, herauszugeben.

ben sind auch einige hebräische Bibeln (*), die überaus alt geschätzt werden. Unter der Sammlung von Kupferstichen und Zeichnungen zeigt man 4 Folio Bände mit sehr schön gemahlten Blumen und Früchten auf Pergamen. Diese Bibliothek wird nicht zum gemeinen Gebrauch eröfnet, sondern wer sie zu sehen wünscht, muß sich bey dem Bibliothecar melden. Die königliche Handbibliothek im Schlosse ist ebenfalls kostbar und beträchtlich.

Die Universitäts Bibliothek steht über der Trinitatis Kirche in einem Saale, der über die ganze Kirche geht, und hat ihren Eingang vom runden Thurn. Sie enthält ihrer Absicht gemäß hauptsächlich brauchbare Bücher, und ist gegenwärtig bereits über 30000 Bände stark, dazu jährlich für etwa 800 Rthlr. zugekauft werden. Es ist auch eine überaus wichtige Sammlung von isländischen Handschriften vorhanden. Sie steht täglich, Sonntag und Freytag ausgenommen, Vormittags (ausser am Mittwoch) von 8 bis 10, Nachmittags von 2 bis 4 offen. Mittwochs und Sonnabends Nachmittags hält der Bibliothecarius darinn Vorlesungen über die gelehrte Geschichte.

Andre öffentliche sind: die größtentheils aus geschriebenen Urkunden zur dänischen Geschichte bestehende von einer gelehrten Gesellschaft

---

(*) Diese sind gegenwärtig nebst einem andern vortrefflichen codex von 1301 an den berühmten Kennicot verliehen.

gesammlete, in Charlottenburg. Die Bibliothek zur Naturhistorie und Oeconomie eben daselbst. Die botanische sehr beträchtliche im Friedrichshospital, u. a. m.

Unter den Privatbibliotheken nimmt sich die gräfl. Thottische sowohl an Grösse als Kostbarkeit aus, und wird in vielen Stücken, sonderlich in Ansehung alter und seltener sowohl gedruckter Werke als Handschriften schwerlich in ganz Europa ihres gleichen haben.

Nach dieser sind die beträchtlichsten: die gräfl. Bernsdorfische, nebst Kupferstichen und einem kostbaren Münzkabinet. Die gräfl. Moltkische mit einer Sammlung vortrefflicher Kupferstiche und Zeichnungen. Die Bibliothek des Conferenzraths Suhm, die nach der Thottischen die zahlreichste, und im historischen und philologischen Fach am stärksten ist. Die Bibliotheken des Conferenzraths Lyrdorf und des Etatsraths Kall sind vorzüglich im philologischen; des Conferenzraths Hielmstierne, Etatsraths Sevel und Justizraths Langebeck im historischen und der Geschichte des Vaterlandes; des Etatsraths Möllmann in der gelehrten Geschichte, nebst einem grossen Vorrath von Disputationen und Portraits. Des Kunstkammerverwalters Morell in der Historie Antiquität, und was die Künste betrifft 2c. Der Bischof Harboe besitzt eine Sammlung von mehr als dritthalb tausend zur Zeit der Reformation gedruckten Schriften.

Der Pastor Lork die stärkste Bibelsammlung (*), die in der Welt ist, welche bereits über 3000, und darunter nicht wenig der seltensten Stücke enthält, nebst einer starken Sammlung von Portraits. Der Doct. Münter eine Sammlung lateinischer Gedichte von christlichen Verfassern. Der Legationsrath Temler, und der Pastor Stubenrauch seltene Bücher ꝛc.

(*) Eine andre gleichfalls beträchtliche zu der die Krafische gekommen ist, findet sich in dem gräfl. Holsteinischen Schlosse Lethraburg hinter Rotschild.

Naturalien- und Kunstsammlungen

Die königliche Kunstkammer ist unter Christian dem Vierten, hauptsächlich aber Friederich dem Dritten gestiftet, und wird von allen die sie sehen, wegen ihres grossen Reichthums an Kostbarkeiten und Seltenheiten der Natur und Kunst bewundert. Sie ist in einem Nebengebäude des Schlosses über der königl. Bibliothek verwahret. In dem Eingangszimmer siehet man einige von Gysbrecht kunstreich verfertigte Gemählde, die man insgemein Quodlibete nennet, d. i. die allerley leblose Dinge, wie auch Bretter mit aufgeklebten Kupferstichen und vorgesteckten Sachen, das Auge zu betriegen, vorstellen; ferner, einige inwendig perspectivisch mit Kirchen und Sälen gemahlte Kasten, wo man durch ein Loch hinein sieht; und endlich eine grosse Sammlung ausgestopfter Zugvögel von Bornholm, die alle paarweise und von verschiedenem Alter vorhanden sind. Von da tritt man in die Bildergallerie, die über 100 Ellen lang ist, und mit den vorzüglichsten Stücken meistens niederländischer Meister, auch seltenen so genannten gothischen Mahlereyen, und solchen, die in Ansehung der dänischen Geschichte merkwürdig sind, pranget. Sie alle zu benennen ist für unsere Absicht zu weitläuftig, auch ohne eine kritische Beschreibung überflüßig und trocken. Wir wollen doch zwey ganz ausnehmend vortreffliche Landschaften, eine italiänische von Both, und eine nordische von Everding anführen, die man zuverläßig für die Meisterstücke dieser grossen Mahler ausgeben kann. Am andern Ende der Bildergallerie ist das königliche Münzkabinet, die Anzahl der alten, griechischen und römischen Münzen, 1ster, 2ter und 3ter Grösse, nebst einem guten Theil Medaillons, erstreckt sich auf 12000 halb silberner und halb metallener (*); der neuern Schau und andern Münzen, sonderlich Speciesthaler, ungefehr auf 1200. Die ganz überaus reiche Sammlung dänischer Münzen und Medaillen (**) fehlet vorjetzt noch, da sie vor geraumer Zeit zu einer im Werk gewesenen Beschreibung derselben abgeliefert worden. Die Wände sind mit Portraits und andern Gemählden behängt, darunter ein ganz vortreffliches Nachtstück von Schalken, ein Arzt von Douw, und die Geburt Christi von Raphael, nebst einigen künstlich mit Seide genäheten Stücken sind. Hierauf kommen fünf grosse in einer Reihe auf einander folgende Gemächer. Das erste begreift die Natu-

---

(*) Die goldenen, ungefehr 400 an der Zahl, davon einige im museo regio angeführt werden, sind nicht mehr da, und wie man sagt, dem Czaar Peter dem Grossen zum Geschenk überlassen worden.

(**) Davon finden sich bey Privatpersonen, nicht wenig, theils sehr beträchtliche Sammlungen, z. B. bey dem unter den Naturaliensammlern genannten Etatsrath Ryberg. Eine der stärksten besitzt Hr. Nygaard in der Hyskenstrasse.

rasten, deren aus allen Classen ein herrlicher Vorrath ist. Von Mineralien werden viele reichhaltige Silberstuffen aus den norwegischen Bergwerken gezeigt, unter andern eine ganz gediegene von 1 k Pfund, eine fast gediegene von 110 Pfund, eine 560 pfündige in Mannsgrösse 5000 Rth. an Werth, dergleichen, so viel man weiß, sonst nirgends angetroffen wird; ein in Jütland am Meere gefundenes Stück weissen Bernstein, das 9 Pfund und 10 Loth wiegt, ist vermuthlich das grösseste in der Welt. Unter den Versteinerungen sind die seltensten Stücke. Aus dem Pflanzenreiche wollen wir einen Block von Eichenholz anführen, darinn sich bey dem spalten in der Tiefe von zwey Zollen eine schwarze Schrift (*) gezeiget hat. Von Thieren sind theils eine gute Anzahl ausgestopfter (dazu obgedachte Vögelsammlung mit gehört) sowohl vierfüßige, als Fische und Amphibien vorhanden, z. B. eine über 10 Ellen lange Schlange, eine Schildkröte 3 Ellen lang, der seltene Hammerfisch, allerley Mißgeburten c., theils eine Menge einzelner Theile, und darunter viele Seltenheiten, als, ein grosser Kopf von einem Einhornfisch mit dem Horn, ein Paar Elephantenzähne, jeder von 150 Pfund, zwey Paar durch einen Baum gewachsene Hirschgeweihe, doppelte Hörner vom Rhinoceros c. Die Conchyliensammlung ist bis

(*) Die nämlich anfangs durch die Rinde eingeschnitten gewesen, und mit der Zeit umwachsen ist.

zum Ueberfluß reich, nur daß verschiedene in den neuern Zeiten berühmt gewordene Stücke vom ersten Range annoch fehlen. Von einigen in Form einer Spitzsäule aufgestellten grossen Nagelmuscheln wiegt die größte 448 Pfund, und hat viertehalb Fuß im Durchschnitt, neuntehalb Fuß im Umfang. Von Menschenkörpern sind merkwürdig: ein verhärtetes Kind, so eine Frau in Frankreich 25 Jahre im Leibe getragen (*), eine vortreffliche ägyptische Mumie in ihrem Sarge, ein auf besondere Weise ohne Specereyen getrockneter unausgenommener Leichnam, der Sage nach aus dem spanischen Amerika, u. a. m. Wir übergehen die Spiele der Natur, bey Pflanzen und Mineralien, z. B. einen einem Brodte ganz ungemein ähnlichen Stein, und die natürlichen Betriegereyen, als das Pflanzenlamm Borametz, und die Allraunwurzel. Im zweyten Zimmer ist der ausserordentlich grosse Vorrath von Kunstsachen, eine starke Anzahl in Elfenbein geschnittener Stücke halb und ganz erhabener Arbeit, darunter sich ein prächtiger Pokal ausnimmt, von Berg, einem unvergleichlichen Künstler, der aus Norwegen gebürtig war, nebst einer Menge von andern Meistern; ingleichen eine ganz vortreffliche Sammlung der bewundernswürdigsten gedrechselten Kunststücke in allen Materien. Die neuern, von denen ein grosser bernsteinerner Kronleuchter in die Augen fällt, sind meistens von Spengler, welcher

(*) S. F. Bayle opuscula Tolosæ 701. 4. pag. 344.

vortreffliche Meister den höchsten Grad seiner Kunst mit dem guten Geschmack verbindet. Ferner siehet man hier viele von norwegischen Bauern bis zum Erstaunen zierlich in hartem Holz geschnittene Trinkgeschirre, einen Haaraufsatz von gesponnenem Glase, einen Stuhl, der den, so sich hinein setzt, einschließt, u. s. f. Eine Anzahl der auserlesensten Kabinetsgemählde, unter andern einen lesenden Einsiedler von Douw, und einen alten Mann, unnachahmlich schön, von Denner. Endlich viele silberne mit Nesselthalern besetzte Becher, die Christian der Vierte zu Hamburg in einem Ringrennen, darinn er eine ausserordentliche Fertigkeit besessen, gewonnen, nebst seiner Abbildung zu Pferde zwischen zwey Säulen, darauf die Wapen aller Mitrenner gestochen sind, Silber und vergoldet. Hierauf folgen ausländische Sachen, Trachten, Waffen, Hausgeräth, Schriften, abergläubische Dinge, ꝛc. südlicher und nordlicher fremder Völker, z. B. lappländische Zaubertrommeln, ein Paar noch ziemlich erhaltene amerikanische Kleidungen von Federn; Abbildungen von westindischen Wilden, durch Trost, der den Prinzen von Oranien nach Brasilien begleitete, nach dem Leben gemahlt; zwey prächtig gestickte, König Friederich dem Fünften von der Republik Tunis zum Geschenk übersandte Reitzeuge; chinesische und japanische Lackierarbeiten; u. s. f. Die vierte Kammer enthält Sachen von dreyerley Art: Erstlich Kostbarkeiten, als einen silbernen von dem berühmten Golz vortrefflich gearbeiteten Altar, der ehemahls in der Schloßkirche zu Husum gestanden hat; viele künstliche goldene und silberne Pokale und Becher, die sich zum Theil auf gewisse Zeitpunkte in der dänischen Geschichte beziehen, und mit dahin gehörigen Schaumünzen besetzt sind; silberne Weltkugeln, ein Modell einer Bergfestung von Silber u. a. m.; ingleichen allerley entweder der Kostbarkeit oder der Kunst wegen merkwürdige Uhren, einige mit eckichten Rädern, ein Paar, wo in Schneckengängen laufende Kugeln die Triebfedern sind, eine sehr künstliche in Gestalt einer Pyramide, die eine Menge von Bewegungen zeiget ꝛc. Zweytens sind hier, mathematische und physische Instrumente, eine Himmelskugel zwey und dreyviertel Ellen im Durchmesser, die vermuthlich Tycho Brahe zugehört hat, mit dem Planetensystem, das durch eine im Fuß verborgene Uhr getrieben wird, aber nicht im Stande ist; stählerne von Cartesio erfundene Werkzeuge; ein Paar Erfindungen vom perpetuum mobile, ein optisches Verwandlungsbild, wo dem blossen Auge Christian des Fünften Gemahlinn, und durch das vielseitige Glas er selbst erscheint, cylindrische Spiegel mit Gemählden, alte Gewehre ꝛc. Drittens Alterthümer(*), heydnische

---

(*) Die ehemals hier gewesenen alten geschnittenen Edelsteine, sind wie oben gedacht, jetzt nebst andern Kostbarkeiten von grossem Werthe in Rosenburg.

D

und christliche, doch größtentheils nordische. Viele in Grabhügeln oder sonst gefundene Sachen, darunter 6 goldene in Fünen ausgegrabene Urnen, und einige metallene Schwerdter besonders merkwürdig sind; die Sporn Königs Waldemars, der im 12ten Jahrhundert lebte, nebst einer Menge andrer alter Rüstungen und Waffen; Runenstäbe oder Calender und andre Gedenkschriften, die die alten nordischen Völker in hölzerne Stäbe schnitten; der Ornat und das Ritual des Bischofs Absalom; einige Kostbarkeiten von der Königinn Margaretha; das oldenburgische mit vielen Figuren gearbeitete silberne und vergoldete Horn oder Trinkgeschirr; ingleichen die beyden bey Tondern fast an einem Orte aber zu unterschiedenen Zeiten, eines 1639; das andre 1734 in der Erde gefundenen Hörner vom feinsten Golde; davon jenes 6 Pf. 13 L. dieses, uneracht daß das spitze Ende fehlt, 7 Pf. 11 L. wiegt; eine ganz besondre Seltenheit sind, zwey Bücher in deren hölzerne mit Wachs überzogene Blätter, eine jedoch unleserliche teutsche Schrift eingegraben ist. Annoch siehet man in diesem Zimmer zwey japanische aufs feinste lackirte Soldaten, die durch den in venetianischen Diensten stehenden Admiral Adler von den Türken eroberten Siegszeichen, und einen grossen und zierlichen Schrank mit einer Musikuhr von Flöten und einem Clavcymbel (*). Im

(*) Dergleichen werden hier in der größten Vollkommenheit von dem Cabinettischer Speer verfertigt.

letzten sind Portraits von königl. und andern Stan=
despersonen, und alle dänische Könige, nebst ihren
Gemahlinnen von Friederich dem Dritten an in
Wachs gebildet. Ueber der Kunstkammer (*) stehen
Modelle von Maschinen und Gebäuden.

Die neue königl. Bildergallerie im Schlosse,
da wo es an die Canzley stößt, enthält 66 der aus=
gesuchtesten Stücke, der berühmtesten hauptsächlich
niederländischen Meister. Sie ist 67 Ellen lang,
und aufs prächtigste ausgezieret. In der Decke
sind einige schöne Gemählde von Krock angebracht,
und am Ende bewundert man die Brustbilder Kö=
nigs Friedrich des Fünften und seiner Gemahlinn
Louise in Marmor, jenes von Sally, dieses von
Wiedeweld. Auch sind ein paar Schränke von
Ebenholz sehenswürdig, theils wegen der vortreff=
lichen Arbeit und Auszierungen von Lasur, Achat,
Porphyr, metallenen und vergoldeten Figuren rc.
theils wegen der Miniaturgemählde, die von Jul.
Clovio, der zu den Zeiten Raphaels lebte, nach
dessen im Vatican befindlichen Werken gemacht
sind. Diese Gallerie steht unter der Aufsicht des
Kunstkammerverwalters (**).

(*) Um sich in derselben oder einem der königl. Schlösser
herumführen zu lassen, bezahlt man gewöhnlich einen
Dukaten, dafür einige zugleich eingehen können.

(**) Jetzt Herrn Morell, der mir gütigst von derselben
sowohl als der Kunstkammer Nachrichten mitgethei=
let hat.

Die königliche Rüstkammer im Schlosse enthält eine Menge entweder in Ansehung des Alterthums, oder wegen der Kostbarkeit und künstlichen Arbeit merkwürdiger Schießgewehre. Sie wird von dem Rüstmeister gezeiget, ist aber seitdem der Saal den sie eingenommen zu einem andern Gebrauche angewandt worden, noch nicht wieder in völlige Ordnung gebracht.

Die Naturaliensammlung in dem Schlosse Charlottenburg geht vorzüglich auf einheimische, als Mineralien, Versteinerungen, Amphibia in Spiritu, ausgestopfte Vögel ꝛc. Die Conchyliensammlung ist beträchtlich, darunter sind die aus dem rothen Meere merkwürdig, welche die oben gemeldete morgenländische Reisegesellschaft anher gebracht hat. Ueber dieses Kabinet werden öffentliche Vorlesungen von den Professoren der Naturhistorie und Oeconomie gehalten.

Der grosse bey dem Zollhause belegene botanische Garten hat die Kräuterkenntniß, welche darinn öffentlich gelehret wird, bloß als eine Wissenschaft zur Absicht, und wird mit beträchtlichen Kosten unterhalten. Bey der Universität wird anjetzt noch ein besonderer botanischer Garten angelegt.

Das astronomische Observatorium ist auf dem runden Thurn, und überaus bequem eingerichtet. Unter den Instrumenten sind: Ein Rad in der Fläche des Mittagskreises mit einem Fernrohr. Ein anders in der Fläche des Aequators. Ein

Weltsystem das durch eine Uhr getrieben wird. Ein guter Quadrant von 6 füßigem Durchmesser. Ein grosses Dollandisches Fernrohr. Ein grosser Spiegel-Tubus ꝛc. In dem runden Thurn werden auch alle Arten Wettergläser gemacht.

Auf dem alten Holm ist gleichfalls eine Kammer mit mathematischen und physischen Instrumenten (*), die guten Theils vorher in der Kunstkammer gewesen sind, wie auch eine sehr beträchtliche Modellkammer.

Eine Anatomiekammer ist in der Universität, und eine andre bey dem chirurgischen Lehrsaal in der Kaufmacherstrasse. In der letztern sind sehr gute präparirte Sachen von allen Arten, z. B. ein ausserordentlich schönes Menschengerippe, ein Kopf mit dem Halse, wo Muscheln, Adern und Nerven präparirt sind, andre eingesprützte Sachen, unreife Geburten ꝛc. Dabey ist auch ein Vorrath von anatomischen und chirurgischen Werkzeugen.

Von Privatkabinetten ist das gräfl. Moltkische in Ansehung der Naturalien und Mahlereyen vom ersten Range, so wie die ganze innere Auszierung des gräfl. Palastes eine der prächtigsten ist. Die Naturalien, als Mineralien, Versteinerungen, Insekten, Conchylien und andre Seegeschöpfe werden in einem von dessen beyden Pavillons verwah-

(*) Dergleichen findet man unter andern auch bey dem Professor Kratzenstein, zum Theil von eigner Erfindung, und bey dem Canzleyrath Beck.

ret, wo die Schönheit der äussern Einrichtung mit dem innern Werthe überein kommt. Unten sind die Mineralien, oben die Conchylien und übrige Naturalien in der besten Ordnung aufgestellet. Der Boden zwischen beyden Etagen ist durchgeschnitten, daß der Plafond, eine von Carl v. Mandern ganz vortrefflich gemahlte Bauernmusik unten zu sehen ist. Unter der Menge von Mineralien finden sich, eine Goldstuffe aus Suratte 1¾ Pfund schwer, wo das Gold durch und durch in einem fetten Quarz gewachsen ist, Silberstuffen aus Mexico, wie auch viele reiche aus Norwegen. Ein grosses Stück crystallisirten Schwefel aus dem spanischen Amerika. Ein ausserordentlich grosses Stück Bergcrystall mit besondern Spatblättern aus der Schweiz. Ein anders mit Rauchtopasen eben daher. Zwey grosse Crystallzacken inwendig mit fremden Körpern durchwachsen, u. s. w. Unter den Versteinerungen sind viel seltene aus England, Schweden und der Schweiz. Z. B. ein durchgeschnittener Nautilit mit seiner natürlichen Perlmutterschale, dessen Kammern mit einem Chalcedon ausgefüllt sind, ingleichen ein Ammonshorn zwey Fuß breit, beyde aus England. Die Conchyliensammlung enthält alle so genannte Rangstücke, als von Schnecken: die größßte und schönste Wendeltreppe von der man weiß, die Orangeflagge, Weberspul, gloria maris, St. Thomas Tutte, die schönsten Orange und Oberadmirals, einen sehr grossen doppelten Spinnenkopf, gezahnte Spindeln von beyden Arten, lappländische Lapphörner, Breitlippen ꝛc. Von Muscheln: Kreuzdoubletten oder Hammer, Winkelhaken, doppelte grosse Hahnenkämme, Lazarus Klappen, gedrehte Austern, Englische Sättel ꝛc. auch eine ganz neue und besondere Herzmuschel aus dem rothen Meere. Von Corallengewächsen sind unter andern zwey Madreporen merkwürdig, die eine kugelrund und besonders schön gezeichnet, die andre, wie ein Mannsarm mit Hand und Fingern zur Verwunderung natürlich gewachsen. Unter den Kunstsachen, welche dieses prächtige Kabinet zieren, sind: die Abnehmung Christi vom Kreuz in Elfenbein von Magnus Berg, ein chinesisches Lusthaus, ein gedrechseltes Stück von ungemeiner Feinheit und Kunst von Spengler, und das Bildniß des Eigenthümers vortrefflich in Marmor gearbeitet, von Wiedeweld. Der Bildersaal ist eben so herrlich, und enthält die auserlesensten Kabinetsgemählde von dem Kern der niederländischen Meister. Wir wollen als eine Probe einen von der Werft anführen, der Adam und Eva im Paradiese vorstellt, und vielleicht in keiner Sammlung in der Welt seines gleichen hat.

Das gräfl. Thottische sowohl Naturalien= als Kunstkabinet ist ebenfalls über alle Maasse reich und kostbar. Von jenen finden sich aus allen Classen, viel höchst seltene und merkwürdige Stücke, vorzüglich von Mineralien, Corallen und einzelen Theilen von Thieren. Unter den Kunstsachen sind:

ein grosser Vorrath von vortrefflichen Mahlereyen, sonderlich alten; eine kostbare Sammlung von alten Schießgewehren und andern Waffen, geschnittene Steine, nebst andern Kunststücken und Kostbarkeiten von mancherley Art; Alterthümer; ein sehr reiches Münzkabinet; Kupferstiche und Zeichnungen guter Meister (*); u. s. f. Diese Kabinette nehmen nebst der grossen Bibliothek und einem Observatorio ein eigenes grosses Gebäude hinter dem gräfl. Palaste ein.

Das Naturalienkabinet des Hofkunstdrechslers und succedirenden Kunstkammerverwalters Spengler, besteht (ausser Papilions und andern Sachen aus dem Thierreiche) aus zwey Hauptsammlungen, Mineralien und Conchylien, nebst andern Meergeschöpfen, und hat in Ansehung der letztern nicht nur hier, sondern vielleicht überhaupt nicht seines gleichen. Der Besitzer hat als einer der größsten Kenner, beynahe alle bekannte, und eine Menge neuer noch nirgends angeführter Conchylien zusammen gebracht. Ein jedes Stück ist ausgesucht, und bezeichnet sich durch seine Schönheit oder Grösse, oder besondere Gestalt, so daß

(*) Sammlungen davon haben unter andern auch, der Conferenzrath Wasserschlebe, der Legationsrath Temler, der Kunstkammerverwalter Morell, der auch einen auserlesenen Vorrath von Mahlereyen, aber aus Mangel des Raums unaufgemacht, besitzt 2c.

diese Sammlung (*) nicht nur dem Anblick des Lieb=
habers, sondern auch der Untersuchung des Kenners
ein Genüge leistet. Alle Stücke vom Range finden
sich hier in der größsten Vollkommenheit. Unter
den ächten Wendeltreppen ist eine 1 und dreyviertel
Zoll lang, und eine andre lichtbraun, wo die Quer=
bänder, die die Windungen zusammenhalten, weiß
und in grösserer Anzahl wie sonst sind. Unter den
Linkschnecken sind nicht wenig neue und bisher unbe=
kannte. Der ausserordentlichen Grösse wegen ist
unter andern eine Sturmhaube von St. Croix,
und eine Schinkenmuschel 2 Fuß 4 Zoll lang merk=
würdig. Unter den Corallen nimmt sich eine
madrepora pertusa aus Bergen, von ganz besonde=
rer zarten Bauart aus; unter den versteinten Sa=
chen, ein grosses Ammonshorn, dessen Windungen
bis in die innerste Spitze, nicht wie sonst durchge=
hends rund, sondern oval sind; der schönste Ab=
druck von dem unbekannten Insekt entomolithus
paradoxus in schwarzem Schiefer fünftehalb Zoll
lang aus Norwegen ꝛc. Hr. Spengler besitzt auch
nebst mehrern sehenswürdigen Kunstsachen, theils
von eigener Arbeit, eine Sammlung vortrefflicher
Gemählde grossentheils von teutschen Meistern.

Ausser diesen giebt es noch eine gute Anzahl
beträchtlicher Naturaliensammlungen. Von den
wichtigsten derselben sind: des Conferenzraths

(*) Der Besitzer wird ehestens ein kritisches Verzeichniß
davon durch den Druck bekannt machen.

Suhm, Etatsraths Holm, Kammerjunkers Linstov, Agenten von Hemert und Apothekers Cappell, alle vornämlich von Mineralien; des Prof. Brünike von Mineralien und Insekten; des Etatsraths Ryberg und des Hospitalsmedicus Fabricius von mancherley Naturalien ꝛc.

Schauspiele und andre Ergetzlichkeiten

Auf dem Hoftheater wird wöchentlich zweymahl französische Comödie mit untermengten Operetten gespielt, wozu die Billets unentgeldlich ausgegeben werden. Auf dem Stadttheater ist (doch nur in den Wintermonaten) Montags und Donnerstags dänische Comödie, Mittwochs und Sonnabends, unter Direction des königl. Capellmeisters, italiänische Oper. Ein Platz im Parterre kostet in der Comödie 2 Mark dänisch, in der Oper 3 Mark. Bey beyden Schauplätzen sind Spieler, Tänzer und Auszierungen sehr vorzüglich.

Insgemein wird des Winters wöchentlich einmal entweder auf dem Hof- oder Stadtschauplatze Ball mit Masquen gehalten, wozu das Parterre in die Höhe geschroben, und der Bühne gleich gemacht wird. Auf jenem ist der Eintritt frey, hier bezahlt man 1 Rth.

Für Liebhaber der Musik sind ausser der Oper, die sowohl an Instrumenten als Stimmen vortrefflich besetzt ist, zwey öffentliche Concerte; Dienstags in der Klosterstrasse, und Donnerstags in der Rathhausstrasse, wozu man sich ein Billet von einem Mitgliede ausbitten muß. An den Courtagen werden bey Hofe von der königlichen Kapelle Tafelmusiken gemacht. Fremde von einiger Distinction haben Gelegenheit den Assembleen und

Concerten, die bey Standespersonen gehalten werden, beyzuwohnen, wo sich insgemein die besten Virtuosen hören lassen.

Die vornehmsten Spaziergänge sind innerhalb der Stadt: der Wall auf dem jedermann ohne Unterscheid gehen, aber nicht reiten oder fahren darf; eine Allee vom Westerthore bis zur langen Brücke; und der Rosenburger Garten, der groß und anmuthig ist. Ausserhalb: der nur eine halbe Stunde entfernte vortreffliche Garten bey dem königl. Lustschlosse Friedrichsberg, wohin eine prächtige Allee von hohen Bäumen führt. Eine Meile von der Stadt liegt der weitläuftige und ausserordentlich angenehme königl. Thiergarten. Man kann sich des Vergnügens der Spaziergänge und Spazierreisen desto besser bedienen, da die Tage im Sommer sehr lang, und die Nächte hell sind, und die Thore spät (eins bis Mitternacht) offen stehen, und so lange Fußgänger und Wagen gegen ein geringes Sperrgeld eingelassen werden.

Verzeichniß der vornehmsten Sehenswürdigkeiten

Sie sind insgesamt schon beschrieben. Wir wollen sie nur noch einmal mit einem Blick übersehen, als: das königliche Residenzschloß, eins der prächtigsten Gebäude in der Welt, dessen Gemächer aufs herrlichste meublirt, und zum Theil mit den vortrefflichsten gewebten Tapeten bezogen sind. In den königlichen Kabinetten finden sich eine ungemeine Menge der kostbarsten Kunstsachen von Uhren, Dosen, Porcellain, Gemählden, gedrechselten und geschnitzten Stücken ec. Ferner siehet man den Rittersaal, dessen Anlage die Majestät der alten Baukunst zeiget; ein Zimmer mit Original-Bildnissen aller jetztlebenden Könige; die marmornen Treppen; die ausnehmend prächtige Kirche; die Ställe; das Reithaus, wo die vortrefflichsten Schulpferde geritten werden; den Hofschauplatz, wo fast das ganze Jahr durch französische Comödie gespielt wird; die neue Bildergallerie, die der Kunstkammerverwalter; und die Rüstkammer die der Rüstmeister öffnet; und das höchste Gericht, welches öffentlich gehalten wird. Bey der Eröffnung desselben, die jährlich den ersten Donnerstag im März geschieht, ist der König selbst auf einem Thron sitzend zugegen. Des Montags und Freytags ist Cour bey Hofe, und Dienstags und Donnerstags Apartement. Vor dem Schlosse ist die Wachparade im Sommer um 8, im Winter um 9. Nahe bey demselben sind: die königliche Bibliothek, die königl. Kunst= und Naturalienkammer, nebst der Bildergallerie und dem Münzkabinet, das Zeughaus, die Kanzley und Kammer mit den Archiven, und die Börse, ein grosses gothisches Gebäude mit einer seltsamen Thurnspitze, wo man alle mögliche Kramwaaren findet. In dem alten Schloß Rosenburg, bey dem ein grosser Lustgarten ist, werden viele Kostbarkeiten von Gold und Juwelen, alte geschnittene Edelsteine, das goldene ausserordentlich schwere Tafelservice, und (jedoch mit besonderer königlichen Erlaubniß, die Reichsinsignien gezeiget. Die Hauptkirchen sind grossentheils sehenswürdig. In der Frauenkirche sind zwey prächtige marmorne Grabmähler, und in der Christianshafener dänischen ein dergleichen vortrefflicher Altar. In jener werden alle Bischöfe mit grosser Feyerlichkeit ordinirt. Der Frauenthurn ist ausserordentlich hoch, und die Nikolai, Petri und beyden Christianshafener Kirchen, vor allen die dänische, ingleichen das Schloß haben ebenfalls hohe und zierliche Thurnspitzen. Der runde Thurn ist von besonderer Bauart, und der Eingang zum Observatorio und der Universitäts Bibliothek. Auf dem Königsmarkte sind das Schloß Charlottenburg, mit der Akademie der Künste, wo den 31 März die Preisstücke ausgesetzt sind, der Stadtschauplatz, auf dem dänische Comödie und italiänische Oper aufgeführt wird, die

Statüe Christian des Fünften von Bley, und verschiedene Paläste, darunter der gräfl. Thottische eine grosse und kostbare Bibliothek und vortreffliche Kabinette enthält, zu sehen. Ausserdem noch in der Altstadt: die Universität, wo am Geburtstage des Königs und am allerheiligen Tage oder Reformationsfeste Reden gehalten werden, der Rector wird jährlich am Fronleichnamstage eingesetzt; die chirurgische Anatomiekammer, das Waisenhaus, das Hospital Wartov ꝛc. In und bey der Friedrichsstadt: der Markt mit seinen Palästen, und der unvergleichlichen metallenen Bildsäule Friedrichs des Fünften (*); das gräfl. Moltkische Mahlereyen- und Naturalienkabinet; die übrigen neuen Paläste, die im Bau seyende marmorne Kirche, die Akademien der See- und Landkadetts, die Zollbude, das Krankenhospital, das Stadtarmenhaus, das Garnisons- und des Seehospital, (die elendesten Armen, nebst den Wahnsinnigen sind im Pesthofe vor dem Thore), den botanischen Garten, die Lakenfabrik im Goldhause, eine grosse Seidenfabrik ꝛc. In dieser Gegend ist auch die Citadelle und die Flotte. In den Holmen siehet man die Magazine und Werkstätten zur Flotte, die Modellkammer, das Seezeughaus, und den Bau der Kriegsschiffe.

(*) Von der überaus einfachen Art, wie diese ungeheure Last vom Gießhause an Ort und Stelle gebracht worden ist, kommen jetzt Zeichnungen in Kupferstich heraus.

Wenn eines vom Stapel läuft, wobey der Propſt des Kirche des Seeetats eine Rede hält, ist mehrentheils der König zugegen. Die Docke in der insgemein ein Kriegsſchiff liegt, ist in Chriſtianshafen, daſelbſt ſind auch zwey Erziehungshäuſer, das Zuchthaus, das Haus der aſiatiſchen Compagnie, wo vor den Auctionen die oſtindiſchen und chineſiſchen Waaren ausgelegt ſind, die groſſe Schimmelmanniſche Zuckerraffinaderie und andre oben angezeigte Fabriken und Magazine (*).

(*) Die Anzeige von den von Zeit zu Zeit vorfallenden Merkwürdigkeiten und andre nützliche Nachrichten findet man in der Adreßzeitung, die wöchentlich ein mahl im Adreßcontoir auf der Kaufmacherſtraſſe ausgegeben wird, wie auch in den politiſchen Zeitungen, die in den Berlingiſchen und Höpfneriſchen Buchdruckereyen heraus kommen.

Münzen, Maaße und Gewicht

Man rechnet nach Reichsthalern, Marken und Schillingen, ein Rth. hat 6 Mark, ein Mark 16 Schilling, wobey ein Fremder zu merken hat, daß die dänischen Marke und Schillinge nur halb so groß sind wie die lübischen, danach man in Holstein und Schleswig rechnet, ingleichen daß man im dänischen durch Thaler ohne Beysatz des Reichs, 4 Mark oder einen Gulden versteht. Ein Reichsmark ist 20 Schill. Es gilt in Dänemark kein anders Geld als das dänische. Die würklichen gangbarsten Münzen sind: halbe Schillinge von Kupfer, Schillinge, 2, 4, 8, 10, 15 und 24 Schillingstücke, courant Dukaten zu 2 Rth., und Kronen zu 4 Mark 4 Schill. Es giebt auch doppelte, halbe und Viertelkronen. Die Bancozettel, die man zu 100, 50, 10 und 1 Rth. hat, sind in Dänemark eben so gut wie Geld, in den teutschen Provinzen verliert man 1 bis 2 pro Cent. Das dänische, fürstl. holsteinische, hamburgische, lübeckische, mecklenburgische und lauenburgische Geld sind von einerlei Gehalt, und macht der Luisdor etwa 4 Rth. 24 Schill. (*).

(*) Das gestempelte kopenhag. Silbergeschirr ist $13\frac{1}{1}$ löthig.

Das dänische Pfund ist 3 pro Cent schwerer, wie das hamburgische. 16 machen ein Lispfund, und 20 Lispf. ein Schiffpfund.

Der dänische Fuß ist dem rheinländischen gleich, 9 dänische Ellen machen fast 10 hamburger, und 11 dänische 10 brabanter aus. Eine dänische Meile soll 12000 Ellen lang seyn.

Getreide wird in Tonnen und Scheffeln gemessen. Eine Tonne hat 8 Scheffel.

Eine Biertonne ist etwas grösser wie eine Korntonne, und hält 136 Pott. Der Pott ist das durchgängige Getränkmaaß, ungefehr von der Grösse einer ordentlichen Weinflasche. Ein Anker Wein hält 40 Pott, und gehen 6 auf ein Oxhoud,

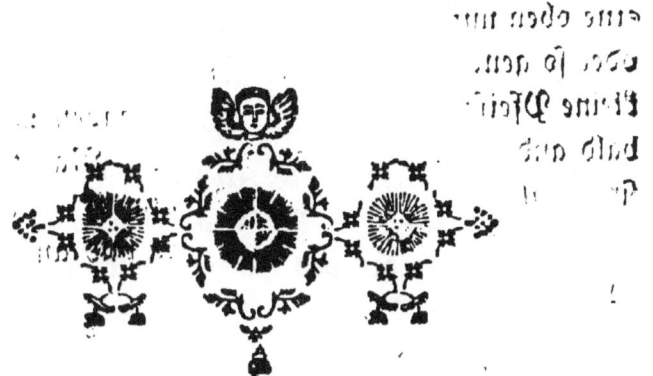

Anstalten zur öffentlichen Sicherheit

Die Aufsicht zur Erhaltung der allgemeinen Ruhe und Ordnung hat der Policeymeister, der zugleich Bürgermeister ist. Unter ihm stehen ein Policeyadjutant und 16 Policeybediente, die sich in der Kleidung nicht unterscheiden, aber eine Hand mit einem Auge von Metall zum Zeichen bey sich tragen.

Zur Sicherheit bey Nacht sind alle Strassen mit Laternen besetzt, und über 100 Nachtwächter. Sie versammeln sich des Abends, ehe sie auf ihren Posten gehen, im Rathhause. Ihr Gewehr ist eine oben mit eisernen Spitzen beschlagene Stange oder so genannter Morgenstern, dabey haben sie eine kleine Pfeife, auf deren durchdringenden Laut alsobald andere zur Hülfe eilen. Die Nachtwächter sind zugleich eine Art von Stadtmiliz, und thun auch des Tages bey Hinrichtungen und andern Gelegenheiten Dienste.

Die Feueranstalten sind vortrefflich. Bey den Kirchen, Wachhäusern und andern öffentlichen Gebäuden stehen Sprützen, deren ausser den Handsprützen über 30 sind, daß man sie, wo auch ein Feuer ausgehen mag, gleich bey der Hand hat. Sie werden jährlich zweymahl nach Ostern und Michaelis auf dem alten Markte probirt. In den Kanälen liegen Pramsprützen, welche die besten

Dienste thun, weil es ihnen nie an Wasser fehlt. Die zum löschen bestellten Personen stehen unter dem Befehl des Brandmajors, und sind theils 30 eigentliche Brandleute, theils eine Bürgercompagnie, die aus Maurern, Zimmerleuten und einigen andern Handwerkern, nebst ihren Gesellen besteht. Alle Brauer, Schlächter, Müller und Miethkutscher sind verbunden, Wasser zufahren zu lassen, und genießt zu desto mehrerer Beschleunigung die erste Tonne 2 Rth., die andere 1 Rth., die dritte 4 Mark zur Belohnung. Des Nachts wird eine Brandwache im Rathhause gehalten. Sobald ein Thurnwächter ein Feuer erblickt, giebt er es durch anschlagen der größten Glocke zu erkennen, und hängt des Tages eine rothe Fahne, des Nachts eine Leuchte nach der Gegend aus. Der Nachtwächter auf der Straße, der zuerst Feuer, oder die Glocke vernimmt, stößt in seine Pfeife, und ruft Brand, welches alle benachbarte sogleich wiederholen, so daß sich der Lerm in einigen Minuten in der ganzen Stadt ausbreitet. Wenn das Feuer gefährlich scheinet, werden die Trommeln gerühret, daß Bürger, Soldaten und Matrosen ins Gewehr kommen.

Zustand des Kirchenwesens

Die herrschende Religion ist die evangelische. Die Reformirten haben alle Freyheit des Gottesdienstes, und (Teutsche und Franzosen zusammen) eine Kirche. Die katholischen Einwohner besuchen die Gesandtschaftskapellen von ihrer Religion, müssen aber in lutherischen Kirchen trauen, taufen und begraben lassen. Die Kinder aus vermischten Ehen sollen alle evangelisch erzogen werden.

Zur allgemeinen Aufsicht über das Kirchenwesen im ganzen Reiche ist ein besonderes Collegium, übrigens aber gehören die Kirchensachen unter die Kanzley. Die vornehmsten Geistlichen sind die Bischöfe, welche ausser der allgemeinen Predigerordination noch einmal, mit grosser Ceremonie ordinirt werden, und zwar alle sowohl die dänischen als norwegischen in der Frauenkirche zu Kopenhagen, von dem Bischof in Seeland. Sie haben die Aufsicht über alle Kirchenbedienten ihres Stifts, (die Hof= und Schloßprediger ausgenommen), die sie allenfalls suspendiren können, sollen die Kirchen, jede in 3 Jahren einmal, visitiren, ordiniren alle Geistlichen, und setzen die untern Collegen oder Hörer an den lateinischen Schulen. Sie predigen nur in besondern Fällen. Die zweyte Classe machen die Pröpste aus, die zugleich Prediger sind. Sie visitiren die Kirchen ihrer Propstey, sorgen nebst dem Kircheninspector für die öconomischen Angelegenheiten, verwalten den Nachlaß verstorbener Kirchenbedienten, und sind die erste Instanz in geistlichen Rechtssachen. Der in der Haupstadt des Bistums an der Haupt= (zu Kopenhagen an der Frauen) Kirche steht, heißt Stiftspropst. Dieser versiehet während einer Vacanz das Amt des Bischofs, und ist Secretarius in der Propstversammlung, die jährlich zweymal unter dem Vorsitz des Stiftamtmanns und Bischofs (für Seeland zu Rotschild) gehalten, und wo alles was den kirchlichen Zustand angeht, vorgenommen wird. Zu Kopenhagen sind zwey Propsteyen, eine an der Frauenkirche, darunter die bürgerlichen (und ausserdem noch 8 Dörfer) und eine an der Holmskirche, darunter die Kirchen des Kriegsstaats zu Wasser und Lande gehören (*). Die Hofprediger haben mit der geistlichen Verfassung nichts zu thun, und machen also gewisser Maßen eine besondere Propstey aus, darinn der älteste Hofprediger die Verrichtungen des Propstes versiehet. Dazu gehören noch die Prediger des Waisenhauses und Krankenhospitals, die Schloßprediger zu Friedrichsberg, Friedensburg und Kronburg, und die Gesandschaftsprediger. Die übrigen Geistlichen sind Hauptprediger und Cäplane. Jene predigen des Vormittags, und theilen die übrigen Amtsverrichtungen (ausser dem

---

(*) Diese sind, die Holmskirche, die Garnisonkirche, die Kirche in der Citadelle, und die Kirchen des Garnisons und Seehospitals.

Beichtstuhl und Confirmation, die jeder für sich hat) und die Accidentien, davon, bewandten Umständen nach, mit den Caplanen. Diese haben die Früh- und Nachmittagspredigten zu verrichten, und singen vor dem Altar. Es giebt auch personelle Caplane, die ein Prediger der Hülfe bedarf, nach erhaltener Bewilligung, selbst erwählet und besoldet, deren Amt aber mit seinem Leben ein Ende hat. Die andern Kirchenbedienten heissen Klocker und Gräber. Jener Amt ist die Protocolle zu führen, die Tauf- und Abendmahlsgeräthe zu unterhalten, und den Prediger vor dem Altar an- und auszukleiden. Bey einigen Kirchen sind sie zugleich Cantoren. Die Gräber haben die Begräbnisse und öconomische Verrichtungen zu besorgen.

In geistlichen Rechtssachen ist der Propst die erste Instanz, die zweyte die Propstversammlung, wo der Stiftsamtmann und Bischof das Urtheil fällen. Von da kann man an das höchste Gericht appelliren. Es darf aber keine Sache ohne Bewilligung des Bischofs anhängig gemacht werden. In allen weltlichen Fällen gehören die Geistlichen zu der bürgerlichen Gerichtsbarkeit.

Der Gottesdienst geht (ausser der Frühpredigt) zu Kopenhagen in den meisten Kirchen, Vormittags um 9, Nachmittags um 2 an, zwischen den Predigten wird catechisirt. Die in einem grossen Theile der evangelischen Kirche beybehaltenen Ceremonien und Formulare, als das singen vor dem Altar, Collecten, Meßgewand, Lichter ꝛc. sind (doch nicht alle in der Schloß- und Christianshafener teutschen Kirche) so wie auch die besondere Tracht der Geistlichen, im Gebrauch. Die öffentliche Confirmation der jungen Leute, ehe sie zum Abendmahl gelassen werden, ist von Christian dem Sechsten eingeführt. Die besondere Beichte ist üblich, aber das Beichtgeld abgeschaffet. Alle Kinder, beyderley Geschlechts, werden von Frauenspersonen zur Taufe gehalten. Eheleute werden gewöhnlich vor der Trauung in der Kirche vom Prediger im Hause verlobt, welches schon eben so gültig wie die Trauung selbst ist. Wer sich zu Hause trauen lassen will, kann Dispensation erhalten, und ist zugleich der Verlöbniß und Abkündigung von den Kanzeln überhoben. Die Beerdigungen geschehen ordentlicher Weise des Vormittags, Rangspersonen, und wenn Dispensation gesucht wird andre, können des Nachmittags oder Morgens begraben werden, aber nicht bey Licht, auch ist weder Geläut noch Leichenpredigt im Gebrauch. Die lateinischen Schüler begleiten die Procession, wenn es verlangt wird, mit Gesang, aber nicht weiter als über den Kirchhof, und der Prediger wirft nach der Einsenkung drey Schaufeln voll Erde auf den Sarg mit den Worten: Mensch, du bist Erde, und sollt zur Erde werden, und von der Erde wieder auferstehen, welcher alte Gebrauch im ganzen Norden gefunden wird. Trauermusiken sind jedermann erlaubt, auch dürfen alle Leichen in einem offenen mit Trauerzierrathen ausgeschmückten Wagen gefahren werden, nebst einem auf eine gewisse Zahl eingeschränkten Gefolge von Kutschen, die aber nicht schwarz überzogen seyn müssen. Die meisten Todten werden außer der Stadt beerdigt, wo besondere Kirchhöfe für die Bürgerschaft, Soldaten, Matrosen, Arme und Juden sind. Die Personen des königl. Hauses werden zwar in Rotschild beygesetzt, doch wird das förmliche Leichbegängniß zu Kopenhagen des Abends bey Fackeln mit einer überaus prächtigen Procession gehalten.

Die vornehmsten Collegien und Gerichte

Das höchste Collegium ist, der geheime Rath, darinn die wichtigsten sowohl in- als ausländischen Sachen, die bereits durch die besondern Collegien gegangen sind, vorgenommen werden. Er besteht gegenwärtig aus 5 Gliedern, die sich gewöhnlich des Donnerstags in der Kanzley, und des Freytags unter dem eigenen Vorsitze des Königs, im Schlosse versammlen.

Die dänische Kanzley erstreckt sich über Dänemark und Norwegen, im geistlichen und weltlichen, nur den Kriegsstaat und die Kamerassachen ausgenommen. Es werden darinn alle, das Justizwesen betreffende Befehle, die Bestallungen der Aemter und Titel, Bestätigungen und Dispensationen, Freybriefe, Privilegien und andre Bewilligungen ausgefertigt.

Die teutsche Kanzley bezieht sich theils auf eben gedachte Weise auf alle teutsche Staaten des Königs, Schleswig mit eingeschlossen, theils gehören dazu die auswärtigen Geschäfte und Unterhandlungen mit andern Höfen.

Jede Kanzley hat ihren Obersecretair, oder Präsidenten, der dem Könige von den vorkommenden Sachen Bericht giebt, und die ausgefertigten zur Unterschrift vorlegt.

Die Rentkammer hat mit dem was die königlichen Einkünfte und Regalien in allen und jeden Provinzen, und die dazu gehörigen Aemter und Personen angeht, (ausgenommen was zur Zollkammer gehört), zu thun. Sie besteht aus Deputirten, die allein die Ausgaben unter Händen haben, und deren erster die Vorstellung bey dem Könige thut, Committirten, und theils dänischen, theils teutschen Contoren.

Von gleichmäßiger Einrichtung ist die Zollkammer, welche das ganze Zollwesen und die dänischen Inseln in Amerika betrifft, und mit der das Commerzcollegium verbunden ist.

Beyde Kammern sind zugleich Gerichte, und urtheilen in allen Cameral-Rechtssachen, wovon keine Appellation gilt.

Die Kriegscollegien heissen, das Generalitäts und Commissariats; und das Admiralitäts- und Commissariatscollegium. Jenes versammlet sich im Posthause, dieses in einem Gebäude bey dem alten Holm.

Die übrigen vornehmsten Collegien sind, das Landwesenscollegium, das mit der allgemeinen Auf-

(*) Von allen zum königlichen Hofstaat und den Collegien gehörenden Personen wird ein jährliches Verzeichniß in teutscher Sprache bey dem Buchdrucker Höpfner, in dänischer im Addreßcontoir verkauft. An letzterm Orte ist noch ein besonders von den Wohnungen aller bekannten Personen zu haben.

nähme des Landwesens zuthun hat. Die Ober-
steuerdirection, (beyde haben ihre Zimmer im
Schlosse). Das Generalpostamt. Das Kirchenin-
spections= und das Missionscollegium, (beyde im
Waisenhause), und das Collegium des Armen-
wesens.

Das erste oder unterste Stadtgericht macht der
Stadtvogt aus mit 8 Bürgern, als Beysitzern.
Von ihm geht man an den Magistrat, welcher aus
einem Präsidenten, der in den neuern Zeiten ein
königl. Minister ist, 3 Bürgermeistern und 8 Raths-
herren bestehet. Jedoch Geldsachen bis 10 Rth.
werden von einer so genannten kleinen Commission
von 2 Rathsherrn ein vor allemahl abgethan. In
allen Policensachen urtheilt der Policeymeister, der
einer von den Bürgermeistern ist, und zwar ohne
Ausnahme des Fori, und was nicht über 2 Rth.
geht, ohne Appellation. Von ihm wird gleichfalls
an den Magistrat appellirt, der in diesem Fall das
Policey= und Commerzcollegium heißt, und wenn
die Sache Personen vom Kriegsstande betrifft, Officiers zu Beysitzern hat. Alle Stadtgerichte werden im Rathhause gehalten. Für das gemeine
Interesse der Stadt sorget ausser dem Magistrat,
auch das Collegium der 32 Bürger.

Alle zum Hofe und den Collegien gehörige
Personen, die nicht im Range sind, wie auch ihr
und der Rangspersonen Gesinde stehen unter dem

Burggericht, von dem man Geldsachen bis 15 Rth. ausgenommen, an das Hofgericht, darinn der Oberhofmarschall präsidirt, appelliren kann. Vor letzteres gehören alle Civilpersonen, die in der Rangordnung stehen (*), und keine bürgerliche Handthierung treiben, unmittelbar, ausser in Criminal (Grafen und Freyherrn in allen) Fällen, als welche gerade an das höchste Gericht gehen. Beydes das Burg- und Hofgericht werden im Schlosse gehalten.

In Ehesachen sitzt vier mal im Jahre in jedem Stift ein besondres Gericht, darinn der Stiftsamtmann präsidirt. Die Assessoren sind für Seeland, die würklichen Professoren der Universität, in der es auch gehalten wird.

Andre besondre Gerichtsbarkeiten sind, die geistliche, davon oben geredet ist. Die akademische, darunter alle zur Universität gehörige Personen, nebst ihrer Familie und Gesinde stehen, doch Todtschlag ausgenommen. Das Brandgericht. Die Hospitalsgerichte, u. a. m.

Von allen bürgerlichen Gerichten in Dänemark (Schleßwig ausgenommen) und Norwegen wird zuletzt, ausser Geldsachen bis 33 Rth. an das höchste Gericht appellirt. Dieses wird des Vormittags, den Freytag ausgenommen, auf dem

(*) Vermöge eines neuern Rescripts, bleiben in Zukunft, alle die so nach ihrer Bedienung unter das Burggericht gehören, darunter, wenn sie gleich einen Titel oder Rang bekommen.

Schlosse, gehalten, und jährlich den ersten Donnerstag im März, überaus feyerlich, nach vorher gegangener Ausrufung durch Herolde, in Gegenwart des Königs, der auf dem Thron sitzt, eröffnet. In den Monaten Julius, August und September ist es geschlossen. Die Richter, deren wenigstens 9 seyn müssen, heissen Assessoren, und tragen im Gericht rothe Mäntel. So lange die Advocaten streiten, welche allemahl den König, auch wenn er nicht zugegen ist, als gegenwärtig anreden, ist jedermann der Eintritt erlaubt, die Stimmen aber werden bey verschlossenen Thüren gesammlet. Die Führung der Beweise, als Abhörung der Zeugen rc. müssen bey den Untergerichten geschehen seyn. Sachen, die unmittelbar an das höchste gehören, werden vorher durch Commissarien untersucht. Die Urtheile über Missethäter gelangen, ehe sie vollzogen werden, an den König, zur Bestättigung oder Milderung.

Alle Cameralsachen werden, wie oben gedacht, von den Kammercollegien entschieden.

Bey der Garnison ist erstlich ein Regimentsgericht, darunter alles vom Gemeinen bis zum Hauptmann, diesen mit eingeschlossen, gehört. Es bestehet aus einem Stabsofficier als Präsidenten, dem Auditeur und einigen Beysitzern aus jeder Classe, vom Capitain an, bis zu der, wovon der Beklagte ist, so daß, wenn dieser ein Gemeiner ist, auch Gemeine sitzen. Zweytens das Obergericht für die Officiers vom Major an, dabey ein General präsidirt, und einige Stabsofficiers von jeder Classe, nebst dem Generalauditeur dem Oberauditeur Beysitzer sind.

Bey dem Seestaat ist gleichfalls ein Unter- und Oberkriegsgericht; und ausserdem noch ein civiles Unter- und Ober- (Admiralitäts) Gericht.

Das peinliche Verhör für Verbrecher (sonderlich Diebe) aus allen Foris geschieht im Stockhause von seiner besondern Commission. Die eigentlich so genannte Folter ist nicht üblich, sondern das Geständniß wird durch Schläge erzwungen. Nach vollendeter Untersuchung wird jeder Gefangener seiner Gerichtsbarkeit überantwortet.

Von den königl. Landschlössern

Friedrichsberg, wo der König den grössesten Theil des Sommers zuzubringen pflegt, liegt eine halbe Stunde von der Stadt auf einem hohen Hügel, weßhalben es sehr prächtig und weit ins Auge fällt, und eine vortreffliche Aussicht hat. Es ist von Friedrich dem Vierten erbauet, groß und regelmäßig, und hat wohl meublirte Gemächer mit marmornen Kaminen und schönen Plafonds. Die Kirche ist im Keller angebracht, und nach der Küche, Ställen ꝛc. geht aus dem Schlosse ein unterirdischer gewölbter Gang, der von oben erhellet wird. Der Lustgarten ist überaus angenehm, und unter allen königlichen der grösseste, ungefehr 1000 Ellen lang und breit, mit einer ansehnlichen Orangerie. Man steigt in denselben auf steinernen Treppen zwischen Terrassen hinab, welches mit dem oben liegenden Schlosse einen überaus schönen Anblick giebt. Hart daran liegt der Fasanen- und nicht weit davon der Falkenhof (*). Auf der andern Seite des Schlosses ist ein Lustwäldgen angelegt.

Hirschholm, drey Meilen von Kopenhagen, ist von Christian dem Sechsten erbauet, und wird jetzt im Sommer von dessen Wittwe, der Königinn Sophia Magdalena, bewohnt. Es liegt in einem kleinen See, und übergeht alle andre königl. Land-

---

(*) Sie kommen aus Island, und werden wegen ihrer Geschicklichkeit zur Jagd an fremde Höfe verschenkt.

chlösser an äusserer und innerer Pracht. Der grosse Saal hat Gemählde von Krock, und in der Mitte einen Springbbrunnen mit einem kupfernen, und an jeder Seite 6 Adler mit marmornen Wasserbecken. Unter den übrigen Gemächern nimmt sich insonderheit eines aus, das paneelt ist, die Leisten mit Silberblech überzogen, die Rahmstücke mit Silber, Perlenmutter ꝛc. eingelegt, und die Füllungen, wie auch die Decke von Glas hinten in Miniatur gemahlt. Thürschlösser und Beschläge sind Silber, und der Ofen stellt einen chinesischen Thurn mit silbernen Glocken vor. Die Schloßkirche ist in besonders gutem Geschmack verzieret. Der Garten liegt vortrefflich theils im theils um den See, und ist über alle Maasse prächtig und anmuthig, mit Springbrunnen, Grotten, Irrgängen und andern Heckenwerken, und einem abhängigen mit Gängen durchschnittenen Gehölze. In demselben steht noch der so genannte chinesische Palast mit einem sehr ansehnlichen Saal, und ein nach norwegischer Art von ganzen Stämmen gebauetes Haus, darinn ein Modell eines norwegischen Felsen ist.

Friedrichsburg, liegt vier Meilen von der Stadt gleichfalls in einem See. Das sehenswürdigste in diesem grossen und nach alter Art prächtigen Schlosse ist, der Rittersaal mit seinen Tapeten, künstlich geschnitzter Decke und Orgel, deren Pfeifen von Elfenbein und kostbarem Holze sind; hauptsäch-

F

lich aber die Kirche (*), welche mit unzähligen
Auszierungen von Silber, Marmor und Ebenholz,
Vergoldungen, Schnitzwerk und Mahlereyen pranget, wiewohl sie das meiste ihrer ehemaligen Herr-
lichkeit im Kriege verloren hat. Der Altar ist eine
Art eines Schrankes, dessen Thüren und Schubla-
den theils von Ebenholz mit Silber eingelegt, theils
mit ausgestochenen silbernen Platten bedeckt sind,
ausser den massiv silbernen Figuren. In einem obern
Kirchenstuhle, wo Christian IV der Erbauer des
Schlosses zu communiciren pflegen, steht noch ein
kleiner Altar, der ebenfalls, so wie auch die Kanzel
von Silber und Ebenholz kostbar gearbeitet ist. Auf
der Gallerie ist ein Thron von Sammet, und an
den Wänden sind die Wapen der Ritter beyder königl. Orden (**) gemahlt. In dem Kirchthurm
hängt ein Glockenspiel. Bey dem Garten ist im
Walde eine mit Zinn bezogene Badstube. nebst einer

(*) In derselben wurden sonst die Könige gesalbet,
allein der jetztregierende wollte diese Feyerlichkeit lie-
ber in der Hauptstadt in der Kirche des Residenz-
schlosses geschehen lassen.

(**) Der Elephantenorden (ein weiß emaillirter Ele-
phant) wird an einem blauen Bande auf der rechten
Seite getragen, mit einem Stern an der linken Seite.
Der Danebrogsorden (ein emaillirtes Kreuz) an
einem weissen Bande auf der linken Seite mit dem
Stern an der rechten. Den Rittern vom Elephanten
wird nebst den geheimen Räthen, Generals, Admirals, Generallieutenants und Viceadmirals der Titel
Excellenz gegeben.

Küche mit altmodischem Geräthe. Der dicht am Schlosse belegene Flecken hat eine lateinische Schule und ein Salpeterwerk.

Friedensburg, fünf Meilen von Kopenhagen, an einem sehr grossen See, weyland Friederichs des Fünften jetzt seiner Wittwe der Königinn Juliana Sommersitz. Es hat einen hohen Saal, der sein Licht von oben durch die Kuppel bekommt, mit marmornen Kaminen und Thürgerüsten. Die Plafonds sind theils von Krock, und einige Zimmer mit den allervortrefflichsten und ausgesuchtesten Kabinetsgemählden behängt. In den Garten ist ein grosses Stück Wald eingeschlossen, mit den schönsten Alleen durchschnitten, und hin und wieder mit Statuen und andern vortrefflichen zum Theil grossen Ornamenten von Marmor auf die prächtigste Art von der Welt gezieret (*). Auf dem See liegt ein Lustschiff.

Kronburg, ein von Friederich dem Zweyten von gehauenen Steinen erbauetes Schloß und starke Festung von 4 Bollwerken, 5 Meilen von Kopenhagen, am Eingange des Sundes (**), wo er keine Meile breit ist, daß die Schiffe unter den Kanonen der Festung und des Wachtschiffes vorbey müssen.

(*) Man hat Abbildungen davon in Kupferstich, die meisten Stücke sind von dem Bildhauer und Professor der Akademie der Künste Wiedewelt verfertiget.

(**) Der Sund ist bekannter Massen unter den 3 Eingängen in die Ostsee der vornehmste. Die Zahl der durchgegangenen Schiffe war im vorigen Jahr gegen achtehalb tausend.

Die Wälle sind gemauert und hoch. Nahe dabey liegt die Stadt Helsingör, die von den kleinen Städten in Seeland die beste ist; und unweit eine ansehnliche Gewehrfabrik.

Marienlust, dicht bey Kronburg, gehört der Königinn Juliana. Es ist nach italiänischer Art gebauet, oben platt, und steht an einem Hügel, der mit vortrefflichen Statuen besetzt und so eingerichtet ist, daß man mit Kutschen zu dem zweyten Stockwerke fahren kann.

Sophienberg, unweit Hirschholm, hat eine vortreffliche Lage auf einer mit Terrassen abgestochenen Anhöhe am Meere, der schwedischen Insel Hveen gegen über, an einem Lustwäldchen. Es ist 1744 gebauet, und gehört der Königinn Sophia Magdalena.

Freudenlund, ist der regierenden Königinn zuständig. Es liegt ebenfalls nahe am Meere.

Selleröd, das Lustschloß des Prinzen Friedrichs, liegt hoch, und hat einen anmuthigen Garten. Das Wasser wird durch ein Pumpwerk hinauf getrieben.

Charlottenlund, ein kleines 1733 erbautes Schloß der Prinzeßinn Charlotte, eine Meile von der Stadt, in einem Lustwalde am Strande.

Die Eremitage, ein Jagdschloß, mitten in dem grossen Thiergarten. Den die angenehmste Waldung, grosse Alleen, frische Wasserquellen, die Menge des Wildes und die Aussicht ins Meer zu einer der schönsten Gegenden machen. Es ist gebauet, und hat zierliche Gemächer und eine, so genannte Confidenztafel. Nicht weit davon ist die königliche Jägeren zu Jägersburg.

Alle diese königl. Schlösser, (*) liegen, das ganz nahe Friedrichsberg ausgenommen, gegen Norden, und können in 4, zur Noth in 3 Tagen besehen werden, welche Reise ausserdem wegen der fast beständigen Waldungen, frischen Seen, allerley Arten Wasser, Kupfer, Messing, Sensen, Feilen, Pulver, Papier ꝛc. Mühlen, vielen Lusthäusern und der neu angelegten vortrefflichen Wege (**) sehr angenehm ist.

Von andern Landhäusern in dieser Gegend sind das gräfl. Bernsdorfische, gräfl. Schulinische, (Friederichsthal), des geheimen Conferenzraths Desmercieres, (Sorgenfrey), das Plessische (Kokkedal), und das gräfl. Holkische nahe bey der Stadt, die prächtigsten und sowohl in Ansehung der Gebäude als der vortrefflichen Gärten sehenswürdig.

(*) Ausser diesen ist noch, aber abgelegen, das kleine Schloß Jägerspreis.

(**) Diese kostbare Verbesserung der Wege wird in diesem Jahre mit der Poststraße durch Seeland angefangen.

Von der Reise aus Teutschland nach Kopenhagen

Diese geschieht entweder zu Wasser über Lübeck, oder zu Lande über Hamburg. Die Wasserreise ist die wohlfeilste, und bey gutem Winde die geschwindeste, auch zu Sommerszeiten ohne alle Gefahr, jedoch immer ungewiß. Alle Sonnabend geht ein Packetboot von Lübeck, und eines von Kopenhagen ab, wo man für einen Platz in der Kajüte 4 Rth., für die ganze 30, bezahlt, ausser einem Trinkgeld für das Schiffsvolk. Weil es mit der Fahrt auf der Trave, von Lübeck ans Meer insgemein langsam hergeht, pflegt man entweder mit Extrapost oder einem Retourwagen (für 8 Schill. lüb.) nach Travemünde voraus zu gehen, und daselbst die Ankunft des Schiffes zu erwarten. Man rechnet von Lübeck bis Kopenhagen 36 Meilen, die man bey günstigem Winde in 2 auch wohl einem Tage zurücklegt. Unterwegens siehet man fast beständig Land, da sich sonderlich das hohe und weisse Ufer der Insel Möen prächtig zeiget.

Zu Lande ist der Postweg folgender: Von Hamburg nach Pinneberg sind 2½ Meilen, Elmshorn 2¼, Itzehoe 3¼, Remmels 3, Rendsburg 3, Schleßwig 3¾, Flensburg 4½, Apenrade 4½, Hadersleben 4¼, Arrösund 2, über den kleinen Belt nach Assens 2, Odense 5, Nyburg 4, über den grossen Belt nach Corsör 4, Slagelse 2, Ringsted 4, Rotschild 4, Kopenhagen 4 (*), zusammen 62 Meilen. Die fahrende Post geht alle Sonnabend sowohl von Hamburg als von Kopenhagen ab, und kommt im Sommer Freytags an beyden Orten wieder an. Es fährt ein Postbedienter von Kopenhagen mit. Die ganze Reise wird auf einmahl, im Sommer mit 13, im Winter mit 15 Rth. bezahlt, dafür man die Mittagsmahlzeit und bis 80 Pfund Bagage frey hat. Für Ueberfracht giebt man für das Pfund 6 Schilling dän. Das Trinkgeld ist die Station 8 Schill., und 4 Schill. Aufladegeld.

Ausserdem geht wöchentlich zweymahl eine Post von Hamburg bis Hadersleben, die Mittwochs und Sonnabends von Hamburg, Montags und Donnerstags von Hadersleben abfährt, und an denselbigen Tagen beyderseits ankommt, und mit 8 Lsch. für die Meile bezahlt wird.

Extrapost (*) kostet, ein Wagen mit zwey Pferden, in Holstein und Schleßwig, die Meile 4 Mark dän., in Fünen des Winters 2 M. 8 Sch.,

(*) Die vornehmsten Gasthöfe zu Kopenhagen sind: der vormalige Gislerische, die Krämercompagnie und Jakobsens, alle drey am Strande, dem Schlosse gegen über, der Posthof in der Kaufmacherstrasse, Marschall in der Reverenzstrasse, das Schiff in der Westerstrasse, u. s. f.

(*) Das Contoir derselben zu Kopenhagen ist in der Kaufmacherstrasse. Die Pässe für die Reisenden werden bey dem Oberpräsidenten ausgegeben.

des Sommers 2 M., in Seeland des Winters 3 M. 8 Sch., des Sommers ½ Rth. Es haben aber in Seeland und Fünen nur 2 Personen mit einem Koffer Platz, in Holstein und Schleßwig 4. Bey jeder Station giebt man 4 Sch. dän. Wagenmeistergeld, und für jede Meile 8 Sch. Trinkgeld an den Postknecht. Für eine Chaise werden in Dänemark, wenn sie nicht überladen ist 2, und für eine Kutsche 4 Pferde gerechnet, und zwar bezahlt man für ein paar Vorspannpferde in Seeland des Sommers 3 M. 12 Sch., des Winters 4 M. 6 Sch., in Fünen des Sommers 2 M. 8 Sch., des Winters 3 M. 2 Sch. In den teutschen Provinzen ist man gehalten zu einer Chaise 4, und zu einer Kutsche 6 Pferde zu nehmen. Ein besonderes Schiff über den grossen Belt kostet im Sommer 6 im Winter 7 Rth., es geht aber alle Dienstag und Sonnabend ein Postschiff von Nyburg, und alle Montag und Freytag eins von Corsöer. Man kann auch mit der reitenden Post Sonntags und Donnerstags nach Corsöer, Sonntags und Mittwochs nach Nyburg überkommen. Ein Boot über den kleinen Belt bezahlt man im Sommer mit 8 Mark dän., im Winter mit 2 Rth. Die Post geht Donnerstags und Sonntags nach, Donnerstags und Montags von Kopenhagen über.

Zu Winterszeiten, oder wenn man die See scheuet, reiset man von Haderßleben noch 6 Meilen zu Lande über Koldingen, und geht von Snoghöi nach Middelfart über den kleinen Belt, wo er keine Viertelmeile breit ist. Man giebt für ein Boot des Winters 4 M. dän., des Sommers 2 M. 8 Sch., für eine Fähre des Winters 1 Rth., des Sommers 4 M. 8 Sch.

Das sehenswürdigste auf diesem Postwege ist, die Festung Rendsburg nebst dem Zeughause, die Domkirche zu Schleßwig, ingleichen das grosse Schloß Gottorf mit seinem vortrefflichen Garten, die Hafen zu Flensburg und Apenrade, die alten Grabmähler in den Kirchen zu Odense und Ringstedt, die Ritterakademie zu Sorøe, welches zwischen Slagelse und Ringsted ganz nahe an der Landstraße liegt, und endlich die königlichen Gräber zu Roschild.

Reisende, die nicht auf Zeit und Kosten sehen, haben einen angenehmern Weg durch Holstein, entweder zur linken über Glückstadt und durch die Marschländer, oder zur rechten, wo man die bischöfl. lübeckische Residenz Eutin, die Universität Kiel und die Schlösser und Gärten zu Plön und Travendahl sehen kann. Von Flensburg aus kann man auch durch die Insel Alsen reisen, da man in Fünen nicht zu Assens, sondern südlicher landet.

Eine dritte Reise aus Teutschland nach Kopenhagen, die gleichsam aus der Land- und Seereise vermischt ist, läßt sich, jedoch nur des Sommers, über die Inseln Femern, Lolland und Falster thun.

Von Nasfov in Lolland bis Kopenhagen geht wöchentlich einmahl eine fahrende Post, die drey Tage unterwegens ist. Sie fährt dort am Dienstage, hier am Sonnabend ab. Man bezahlt 5 Rth:, und kommt in Seeland bey Wordingburg an.

www.ingramcontent.com/pod-product-compliance
Lightning Source LLC
Chambersburg PA
CBHW020901160426
43192CB00007B/1021